기쁨의 책

THE BOOK OF DELIGHTS: Essays by Ross Gay

© 2019 by Ross Gay. All rights reserved.

This Korean edition was published by PILLOW in 2024
by arrangement with Algonquin Books,
an imprint of Workman Publishing Co., Inc.,
a subsidiary of Hachette Book Group, Inc., New York, USA
through KCC(Korea Copyright Center Inc.), Seoul.

이 책은 (주)한국저작권센터(KCC)를 통한 저작권자와의 독점계약으로
필로우에서 출간되었습니다. 저작권법에 의해 한국 내에서 보호를 받는 저작물이므로
무단전재와 복제를 금합니다.

The Book of Delights

기쁨의 책

Ross Gay
로스 게이 지음
김목인 옮김

PILLOW

일러두기

1. 본문의 각주는 모두 옮긴이의 주석이다.
2. 원문의 이탤릭체는 평균체로 바꾸어 표기했다.
3. 단행본은 겹낫표(『 』)를, 시와 산문은 낫표(「 」)를,
   신문과 잡지는 겹화살괄호(《 》)를, 영화, 앨범, TV 프로그램,
   팟캐스트는 홑화살괄호(〈 〉)를 사용해 표기했다.

차례

서문 11

1. 뭐랄까, 나의 생일 15
2. 비효율성 18
3. 연석에 핀 꽃 21
4. 약속 깨버리기 23
5. 머리의 구멍 27
6. 여전한 회복 29
7. 기도하는 사마귀 32
8. 흑인들 사이의 인사 35
9. 낯선 이들의 하이파이브 39
10. 손으로 쓰기 42
11. 옮겨심기 45
12. 별명들 48
13. 그렇지만, 아마도… 51
14. "환희는 지극히 인간적인 광기다" 53
15. 하우스 파티 61
16. 벌새 65
17 그냥 꿈 하나 67
18. "그건 좀 밤비 느낌인데…" 71
19. 억누를 수 없는 것, 감사 73
20. 톡톡 76
21. 잔 받침 없이 주는 커피 78
22. 바지 위의 백합 80

23. 가방 하나를 같이 들기 82
24. 카페 안의 우산 84
25. 야수의 상태 87
26. 비행기에서 치르는 의식들 88
27. 기묘한 무제 90
28. 피칸들 93
29. 다시 해 96
30. 무한함 98
31. 영혼 101
32. 노타 베네 105
33. "날 사랑해 줘요, 특별한 방식으로" 107
34. 리사 러브의 '머물러줘' 110
35. 기쁨을 쌓아두는 것 112
36. 판도라에서 듣는 도니 해서웨이 116
37. "사랑의 달콤함을 퍼뜨리기 위해" 117
38. 베이비, 베이비, 베이비 120
39. "회개하지 않는 자, 지옥 불에 떨어질지니" 122
40. 대의에 몸을 던지는 일 124
41. 나의 게으름에 대한 보상 중에는… 126
42. 심술 난 고양이는 아닌 128
43. 좀 멍청한 헛소리 130
44. 우선… 132
45. 미시적 젠트리피케이션: 금 삽니다 133
46. 손금 읽기 134
47. 열차의 존엄성 137

48. 새 모이 주기 139
49. 미드센추리 잔에 담긴 콤부차 141
50. 히커리 144
51. 더 이상 짜증 나지 않는 145
52. 토토 147
53. 교회 시인들 150
54. 공공장소에 누워 있기 151
55. 아기들. 정말로 155
56. "인생, 인생, 인생, 햇빛 속의 내 인생" 157
57. 몸의 일부로 받아들이기 158
58. 보탄 라이스 캔디 160
59. 하목층 162
60. "환희는 지극히 인간적인 광기다": 우리 사이의 부엽토 164
61. "아주 오늘 날 잡았네…" 166
62. 봄의 보랏빛 나팔들 167
63. 자원 활동가 168
64. 속눈썹 끄집어내기: 시 낭독의 미덕에 대한 약간의 잔소리 170
65. 찾아낸 것들 173
66. 찾아낸 것들 (2) 175
67. 컵 핥기 176
68. 까딱 인형 178
69. 젠키 181
70. 까마귀의 목욕 184

71. 동상의 손에 들린 꽃들 186
72. 충분한 공중화장실 188
73. 모르는 이들의 손 인사 192
74. 낫 포 너싱 194
75. 덩굴식물…기쁨일까? 196
76. 재수 없는 놈 198
77. 가끔은 애매한 표지판 200
78. 심장 대 심장 204
79. 조심: 다리 위에 벌 있음 206
80. 기내의 토마토 209
81. 손이 보라색인 212
82. 이름: 케이티 영 / 연락처: 555-867-5309 213
83. 여전히 진행 중인 216
84. 반딧불이 218
85. 나의 큰 낫 잭 220
86. 포포 숲 222
87. 어슬렁거리기 226
88. 별종 231
89. 동물의 똥 234
90. 그대 가버리시오, 영양의 순환으로! 239
91. 당근 캐기 242
92. 프레임을 가득 채우며 244
93. 무분별한 손가락 따옴표 245
94. 오늘 일흔여섯 살이 된 주디스 아이린 게이 246
95. 로스코 백보드 248

96. 마파 라이트 250
97. 간이 차고 251
98. 나의 정원(책) 254
99. 검은 뒤영벌들! 258
100. 다 자란 260
101. 코코 베이비 261
102. 나의 생일 264

    감사의 글 268
    옮긴이의 글 272

서문

2018년 7월의 어느 날, 나는 기쁨에 대해 생각하고
그것을 나누는 일에 즐거움과 매력을 느낀 나머지
이렇게 판단했다. 매일 기쁨에 관한 에세이를 한 편씩
쓰면 근사하고, 심지어 유익할지도 모르겠다고.
이 계획이 얼마나 뚜렷했던지 혼자 슬며시 웃었던 것도
기억난다. 이 작업에 가령 『기쁨의 책』 같은 이름을 붙일
수도 있을 것 같았다.

    몇 가지 규칙도 떠올랐다. 매일 기쁨을 하나씩 1년
동안 쓸 것. 내 생일인 8월 1일에 시작해 이듬해 같은
날 끝낼 것. 초고는 빠르게 쓸 것. 손으로 쓸 것. 규칙들
덕분에 작업이 나를 위한 규율이자 하나의 연습이
되었다. 매일 기쁨에 대해 생각하고 글을 쓰면서 시간을
보내기.

    실제로 이 짧은 에세이들을 거의 매일 써서
그런지(고백하건대 며칠은 건너뛰었다) 일정한 패턴과 주제,
걱정거리가 엿보인다. 이를테면 이런 식이다. 올해는
여행을 꽤 다녔다. 자주 카페에서 썼다. 엄마가 종종
마음에 걸렸다. 인종차별에 신경이 쓰이는 일이 잦았다.
친절에 대해 자주 생각했다. 정치, 대중음악, 책, 꿈,
공공장소, 내 텃밭도 수시로 떠올렸다.

    얼마 지나지 않아 나는 이 에세이를 쓰는 규율
혹은 연습이 일종의 기쁨 레이더를 만들어냈다는

사실을 깨달았다. 어쩌면 기쁨 근육이 발달했다고 표현하는 게 더 적절할지도 모르겠다. 기쁨을 알아갈수록, 알아갈 기쁨이 더 많아질 거라는 암시를 받게 되었다. 프로젝트가 한두 달 이어지자 기쁨들이 나를 부르고 있었다. "나에 대해 써줘. 나에 대해 써줘." 이 기쁨들을 받아들이지 않는 건 무례한 일이기에, 나는 기쁨들에게 이렇게 말하곤 했다. 비록 너희가 에세이가 되지 않더라도 여전히 중요하며, 나는 너희에게 감사한다고 말이다. 다시 말해, 나는 내 삶이 이전보다 더 기쁨으로 가득하다는 것을 느꼈다. 슬픔이나 두려움, 고통이나 상실이 없지는 않았다. 그러나 압도적으로 기쁨이 더 많았다. 또 올해에는 이런 사실도 배웠다. 나의 기쁨이 자라나는 것은—사랑이나—환희 또한 매우 비슷한데—내가 그것을 누군가와 공유할 때라는 것을.

1. 뭐랄까, 나의 생일

오늘은 나의 마흔두 번째 생일이다. 자기도취적인 사람에게는 태어난 날을 기쁨으로 선포하는 게 지극히 당연한 일이겠지만, 나는 오랫동안 거의 청교도적으로 그 사실에 관심을 두지 않았다. 남성 특유의 어떤 냉담함, 화려하면 안 된다는 생각에서 비롯된 우울한 행동이었을까? 그랬을지도 모르겠다, 불쌍도 하지. 요즘은 나 자신을 상상할 수 있는 온갖 꽃으로 화려하게 장식하지 못해 안달한다. 오늘은 귀고리와 양말 둘 다. 아! 심지어 속옷은 히비스커스 무늬에, 앞에 과잉보호용 주머니까지 달려 있다. 만일 여러분이 밝고 화려한 색의 옷을 입을 기회가 있다면, 나를 믿어보라. 이 말이 분명 돌아가신 우리 아버지에게는 약간의 위안이 될 텐데, 늘 우리에게 빨간 옷을 입지 말라고 경고하곤 했기 때문이다. 내가 거의 알지도 못하는 어떤 전형[1]에 굴복할까 봐. (우리가 사랑하는 이들, 심지어 죽은 이들조차 치유할 수 있다는 기쁨.) 오, 깨진 규칙이여. 오, 아름다워라.

그러니까, 말하자면, 맞다, 대부분, 나의 생일날은 그 자체로 완전하고 줄어들지 않는 기쁨이다. 그건 내가 이날이면 가끔 받는 아주 다정한 메모들 덕분이기도 하지만—오전 8시 15분에 벌써 5개를 받았다. 타이완, 바스크 지방, 팰로앨토, 블루밍턴, 뉴저지 프렌치타운으로부터—탄생이라는 실제의 기적

---

[1] 빨간 옷을 입는 블러즈Bloods라는 흑인 갱단이 있다.

때문에도 그렇다. 그저 아름답고 신비하며, 기이하고, 축축하고, 향기 나는 출산이라고 부르는 과정뿐 아니라, 우리의 탄생으로 이어지는 몇만 혹은 몇백만 개의 우연들, 아니 그 불가능한 확률들! 맙소사, 백인인 우리 엄마는 아버지를 만나기 전까지 흑인 남성을 만난 적조차 없었다! 아버지는 센트럴 스테이트 대학교를 중퇴하는 바람에(멋을 부리고 즐기느라 워낙 바빠서 그랬다고 사람들은 말한다) 징집되었고, 그날 할아버지로부터 유색인종과 가난한 집 아이들을 미국의 전쟁터로 내모는 부대에 가지 않으려면 해군에 입대하라는 조언을 들었다. 그래서 두 분 다 결국 괌에 가게 되었다. 농담이 아니다. 흑인 남성, 백인 여성, 러빙 대 버지니아 사건[2], 미국이 약탈한 태평양의 섬이자 미국식 확장과 점령을 위한 대기 장소에서 이루어진 만남. 이 만남으로 아이들이 태어났고, 그중 하나가 나다. 아무튼 그래서인지, 나이가 들수록—아무리 루콜라와 퀴노아를 먹어도, 모든 기회의 순간에서 탄생보다 죽음에 더 가까워진—나는 이날이 더욱 큰 기쁨으로 다가온다.

그러나 내가 굳이 오늘을 택한 건 생일이 여러 기쁜 일들을 큰 소리로 외치는 날이어서만은 아니다. 만약 기쁨을 한데 모을 수 있다면, 오늘이 제격이기 때문이다.

오늘 아침에는 고개를 숙인 채 방향만 확인하며 맨해튼을 걷고 있는데, 고개를 들자 과일 트럭에서 리치

---

[2]. 흑인과 백인 간 결혼 금지를 위헌으로 해석한 미 연방대법원의 1967년 판례. 1960년대 흑인 인권 운동의 기념비적 사건이다.

1kg을 5달러에 팔고 있었고, 때마침 내 주머니에는
10달러가 있었다. 다음은 저녁 버스표를 사러 갔다가
겪은 일인데, 내 앞에서 유난히 무례하게 구는
두 사람을 참아낸 트랜스브리지 버스 매표원의 얼굴이
내가 계속 눈을 맞추고 감사를 표하자 부드러워졌다.
그 여자는 처음에 나를 허니라 불렀고(기쁨), 두 번째는
베이비라 불렀으며(기쁨), 내가 돌아서서 가려 하자
옅은 미소까지 띠었다. 플랫아이언 빌딩으로 가는
길에는 층층나무 산책로가 있었다. 나무들은 버썩 말라
보였지만, 여전히 가시 달린 혹이 있는 열매가 잎사귀들
밑으로 아늑하게 자리를 잡고 있었다. 그리고 멋진 잔에
마신 커피 한 잔. 날개를 편 채 실내의 모든 빛 속을
항해하던 파리 한 마리가 도자기 손잡이에 내려앉더니,
마치 이렇게 말하는 듯했다. "이 손잡이의 완벽한
곡선을 봐. 마치 컵을 쥔다는 게 엄지와 검지 사이의
로맨스가 될 수 있도록 디자인한 것 같잖아." 아니면
알맞게 짭짤한 땅콩버터. 아니면 한 남자가 로비로 밀고
간 옅은 파란색 자전거. 아니면 바리스타의 상투 머리.
아니면 세련된 반바지를 입은 채(아래로는 로션을 잘 바른
발목이 은은히 빛나고) 작은 개 두 마리와 산책하고 있는
남자의 다정한 눈길. 아니면 신발을 신다가 벗고, 발을
오므렸다 폈다 하는 여자.

(8월 1일)

2. 비효율성

그간 텃밭에서 쓴(쓴spent, 흥미로운 단어) 시간이
비효율적이었는지는 잘 모르겠다. 그 시간은 뭐랄까
나에겐 최고의 주의력 집중 훈련이고—수유나무
덤불의 가장 낮은 가지들과 잎맥이 뚜렷한 커다란
장군풀잎 사이를 천천히 나아가며 오레가노꽃들을
들여다보는 일—동시에 게으름과 산만함을 기르는
최고의 훈련, 강력한 집중력을 흐트러뜨리는 훈련,
혹은 집중력을 강력하게 흐트러뜨리는 훈련이다. 내가
말했던가, 금빛이 은은히 감도는 초록색 가슴을 지닌
벌새가 허공에 머물며, 그 바늘 같은 주둥이를 백일초에
밀어 넣다가 휙 사라지는 것을! 내가 말했던가, 스텝을
밟고 있는 플래퍼[3]의 액세서리처럼 흔들리는 자리공
열매들을. 내가 말했던가, 검은 보석 같은 작은 똥과
사슴 모양으로 우묵해져 있는 풀밭과 붉은토끼풀을.
음, 아!

나는 그런 집안 출신이다. 비효율을 선택할—내가
이 글을 쓰며 어슬렁어슬렁 걷고, 커피를 마시고, 그릇
속 오트밀이 대화하는 소리를 듣는 것처럼—여유가
거의 없는 집안 말이다. 거의 무일푼인데 아이는
둘이고, 차는 수시로 고장 나는 데다, 파산하지
않으려면 기를 써야 했고, 아이들도 철이 들자마자
신문 배달 일을 해야 했다. 이런 상황이라면 비효율적인

---

3. 일명 재즈 시대라고 부르는
1920년대의 화려하고 자유분방한
젊은 여성들

것에 기뻐할 여유가 거의 없다. 오히려 십중팔구는 유쾌하지 않은 또 다른 비효율들을 마주하기 마련이다. 안전 검사가 없는 주에서 차량 등록을 갱신하느라 매년 필라델피아에서 오하이오주 영스타운까지 차를 몰고 갔던 아버지의 경우처럼. 왜냐, 아버지의 1978년형 토요타 코롤라는 내 생각에 그때껏 만들어진 가장 아름다운 차 중 하나인 왜건이었건만 문 두 짝이 열리지 않는 데다 바닥에는 구멍이 나 있고 녹투성이였기 때문이다.

    다음은 비효율의 예. 나는 식료품을 차에서 한꺼번에 옮기는 걸 좋아하지 않는다. 더 좋은 예는 시내를 정처 없이 돌아다니는 걸 좋아한다는 것이다. 마치 목적지라도 있는 것처럼, 어쩌면 시간이 별로 없는데도, 아마 내 정자를 태우고 있을 박식한 기계를 주머니에 넣은 채, 그 기계가 진동하며 내 정자를 태우고 있다는 걸 알려주는데도—마냥 돌아다닌다. 아마도 이 거리 어디일지도 모른다. 아니면 그 바로 아랫길일지도 모른다. 아마 여러분은 한 친구와 있을 테고, 그런 비효율성이 두 사람을 더 가깝게 해줄 것이다. 어쩌면 그 비효율은 여러분이 찾고 있는 카페 한 곳일지 모른다. 케임브리지 스트리트를 천천히 돌아다니다 발견하기 전까지는 있는 줄도 몰랐던 카페. 길 건너편 학교에서는 아이들 셋이—머리를 땋은 흑인 여자아이, 히잡을 두른 갈색 피부의 여자아이, 양 갈래 머리를 한 백인 여자아이가—농구를 하고 있는 곳.

내가 자주 꾸는 꿈이 하나 있는데, 그 꿈에서 나는
서둘러—효율적으로 움직이려 하면서—공항이나
직장 같은 곳으로 가고 있고, 길 위쪽, 항상 언덕길이고
대개는 모퉁이 어귀인데(피츠버그나 샌프란시스코, 가끔은
아주 확실하게 필라델피아의 한 지역 같은 느낌이다), 그곳에는
최고의 베지 버거와 감자튀김을 파는 식당 한 곳이
있다. 감자튀김은 두툼하고 바삭바삭하며, 감자
껍질이 자연스럽게 붙어 있고, 속은 부드럽다. 베지
버거는 형태가 온전하고, 수제에다 아마도 향신료를
포함해 안에 대여섯 가지 재료는 들어 있는 것 같다.
빵: 최고. 모양새: 글쎄. 가만, 내가 거기에 실제로
가본 건 아니라는 걸 여러분에게 일러둬야겠다. (또 내
짝꿍 스테퍼니가 아름다운 채식주의 카페 펄프를 열었을 때 그 꿈이
사라졌다는 것도 고백해야겠다. 나는 그 많은 베지 버거를 아주
저렴한 가격에 먹었다. 그리고 스테퍼니가 가게를 팔기 한 주 전, 그
꿈은 완벽히 다시 돌아왔다.)

나는 다시 그곳에 간다, 갈림길을 지나 언덕 위의
베지 버거 가게로, 휙, 효율적으로, 휙, 뭔가 중요한
일을 하면서, 휙, 생산적으로 하면서, 휙, 바로 언덕 위
코너를 돈 곳에는 단순한 기쁨, 느리고 지속적인 기쁨이
나를 기다리고 있다. 그게 지나가고 나면 보통은 그냥
다시 공항으로 돌아와 있는데, 꿈속의 나는 거의 항상
비행기를 놓치고, 놓치지 않을 때는 비행기가 하늘에서
추락한다.

(8월 8일)

3. 연석에 핀 꽃

오늘은 볼 일을 좀 보고 걸어서 집으로 돌아오다가 내가 항상 같은 경로로만 다닌다는 사실을 깨달았다. 무엇이 우리에게 이런 버릇, 이런 패턴을 강요하는 걸까? 나는 4번가 위쪽으로 향하며 빵집을 지난 다음, 나를 따라와 귀 뒤를 긁어달라며 야옹야옹 구슬피 울어대는 간절한 고양이를 지나친다. 커다란 묘지에 이르기 직전에는 왼쪽으로 꺾는데, 그 길 건너편이 몇 블록 떨어진 곳으로 이사했다가 석 달 뒤 살해된 내 친구 돈 벨턴[4]이 1년간 살았던 곳이다. 난 내가 돈의 집 앞을 지나칠 때마다 그를 생각하지 않은 적이 있을지 궁금하다.

그 집 옆으로는 나비들이 부들레야 울타리에 점점이 박혀 있는데, 인디애나의 습한 열기 때문에 날개들이 하나같이 비스듬히 처져 있다. 언젠가 내가 스케이트보드에 탄 친구 아라셀리스를 자전거로 끌어주며 함께 이 길목을 돌았을 때, 돈이 체육복 바지에 웃통을 벗은 채로 달려 나왔었다. 아마 우르르 하는 스케이트보드 소리를 듣고 내다보았던 것 같다. 내가 그 친구 집 옆에서 자전거를 타는 날이면 늘 그랬듯, 창문에 대고 소리를 지른 게 아니라면 말이다. 내 얼굴은 땀으로 번들거렸던 것 같은데, 돈이 손으로 내 이마의 땀을 훔치더니―나는 땀을 엄청나게 흘리는 편이라, 땀 구하기는 어렵지 않았다―자기 이마에

---

4. Don Belton(1956~2009), 미국의 작가, 편집자, 교육자

두드리고 기절한 척하는 성대하고 유혹적인 쇼를
벌였다. 아라셀리스가 깔깔대며 지켜보는데도 그런
짓을 했다. 추억이란 끝이 없다. 그래서 나는 오늘
도로라고 하기는 뭣한, 4번가와 3번가 사이, 돈의
집에서 시작되는 뒷골목에 '벨턴 길'이라는 새로운
이름을 붙여줄까 한다.

    다시 돌아와, 일을 보고 오다가 벨턴 길을
오르는데, 3번가에 이를 즈음 연석에 무언가 밝은
것—아마 그리포스[5]나 뭐 그런 과자 봉지—이 보였다.
그런데 가까이 다가가보니, 그때까지는 본 적이 없는
매력적인 꽃이었다. 빨간색에 가까웠는데 색 이름이
정확히 뭔지는 알 수 없었다. 그 빨간색은 벨턴 길의 끝,
연석과 아스팔트 틈에서 자란 이 꽃에서만 본 색이었다.
금빛 부분은 꽃잎을 둘러싼 왕관 같았고, 전반에 있는
얼룩들은 사람들의 안구에 있는 반점이나 동공에 있는
번개의 섬광 같은 모양이었다. 그리고 꽃 옆에, 그
강렬한 꽃과 친척인 듯 같은 줄기에서 자라난 것은 아직
벌어지지 않은 꽃봉오리였다. 살짝 노란색이 감도는
옅은 초록색의 봉오리는 산들바람을 맞으며 빛나고
있었고, 내 눈에는 폭발 직전으로 보였다.

(8월 11일)

4. 약속 깨버리기

내가 처음 이 에세이를 쓰기 시작했을 때는, 그래, 맞다, 시험, 시도라는 뜻의 프랑스어 에세essai에서 온 에세이 말이다. 나는 이것들—이 시도들—을 매일 한 편씩 1년간 쓰기로 계획했었다. 이런 결정을 한 것은 이탈리아 움베르티데의 한 카페(기쁨)에서 아주 진한 에스프레소 두 잔을 마신 뒤 성에 있는 숙소(기쁨)로 걸어가던 도중이었다. 직전에는 우연히 시에서 심은 것으로 보이는(하지만 더 자세히 알아보니 아니었다—기쁨!) 비파나무 열매 한 줌을 훔쳐 잘 익은 과육을 빨아 먹기도 했다. 길가의 회향 잎들이 미풍에 뒤틀리는 가운데 나는 그 매끄러운 보석 같은 씨들을 입안에서 굴리고 있었다. 지평선까지 펼쳐진 해바라기밭에서는 꽃들이 씨로 가득한 웃음을 저 위 태양까지 보내고 있었고, 보리수 안에는 꿀벌들이 빈틈없이 꽉 들어차 소리는 물론 진동까지 느껴질 정도였다. 등 뒤의 태양이 마치 길을 안내해 주는 손처럼 모든 것이 가능하다고 말해주고 있었다. 모든 것이.

게다가 늘 칭찬에 인색한 우리 엄마가 요즘 들어 무슨 바람이 불었는지 내 규율을 칭찬하고 있다. 아마 내가 꾸준히 케틀벨 운동을 하고 베이컨을 먹지 않아서인 것 같다. 아무튼 엄마가 칭찬한 뒤부터, 그분은 나의 엄마니까, 나는 그게 분명 사실일 거라고 생각하는 경향이 생겼다.

내가 이 에세이 혹은 시험, 시도를 처음 건너뛴
건 4일째 되던 날이었다. 믿어주길 바란다. 나에게는
약속을 깰 만한 나름의 이유가 있었다. 지금은 기억나지
않지만, 그때는 그럴 만했다. 아마 피곤에 절어 이렇게
생각했던 것 같다. '아, 그냥 내일 두 편 쓰지 뭐.'
그러나 다음 날이 되자, 같은 날 두 편을 시도하는 일의
낮은 가능성에 기가 죽었다. 한 편도 결코 쉽지 않잖아.
두 편 시도했다가 둘 다 끔찍하면 어쩌려고?

나는 내 마음의 시베리아에서 가장 미미한
재잘거림이었을 대화를 극으로 구성하고 있다. 거긴
워낙 깊숙해서 내가 그런 대화를 실제로 들었는지조차
의심스럽다. 아니면 재빠르게 내 현 상태, 즉 어쩌다
규율이 느슨해진 것을—그걸 실패라 부르겠다. 아니,
약속 깨버리기라고 부르겠다—기쁨으로 여기는 쪽으로
수정했던 것 같다. 로스 게이를 고문대에 올려놓고
아홉 꼬리 고양이로(그게 뭐지?) 채찍질한 다음 상처에
알코올을 들이붓고(소독약?) 성냥불을 붙인 뒤, 춤춰라,
이 게으름뱅이, 쓸모없는 염소 똥아(어떻게 고문대 위에서
춤을 출 수 있느냐고? 내 말이)라고 조롱하는 대신 나는 이렇게
결정한다. 내 머릿속의 미끈대고 끈끈한 주름에서
평영을 하고 있는 모든 원칙주의자들과 즐거워 보이는
일이라면 무엇에든 양손의 낫을 휘둘러대며 무시하려는
움직임에도 불구하고, 그냥 약속을 깨기로. (여기에 맞는
부수적인 기쁨: 알 게 뭐야라는 표현.)

아마 내가 초등학교 13년 동안 결석한 건 불과
다섯 번 정도였을 것이다. 두 차례의 수술에다 아주
심한 천식을 앓았고, 뼈 몇 군데를 부러뜨리거나 수시로
얼굴을 찧으며 넘어졌는데도 말이다. 또 그 13년 동안
꾸준히 신문 배달 일을 했는데, 일하는 기간에는 말
그대로 하루도 거르지 않았다. 심지어 어느 날 밤에는
새로 사귄 여자 친구와 약 1시간 동안 거리에서, 폭풍우
속을 맨발로 돌아다닌 뒤 서로 언 몸을 녹여주느라
공처럼 웅크리고 있다가도 새벽에 일하러 나갔다.
게다가 농구 연습은 빼먹느니 차라리 죽었을 거다.
어퍼 메리언과 붙을 결승전을 이틀 앞두고 실제로 1부
연습을 놓쳤는데, 그쪽 팀 골대 근처에도 크고 나이
많은 덩치 큰 녀석이 있어 내가 준비를 잘해두어야 하는
상황이었다. 다행히 우리가 7점 차로 이겼는데도 나는
연습 날이면 사색이 되어 일어나 부리나케 연습 장소에
도착했고, 거의 울상이 되어 코치 사이먼에게 과할
정도로 사과했다.

    아버지가 간암 진단을 받기 한 주 전에는 이런
일도 있었다. 나는 집 주변을 어슬렁거리고 있었고,
아버지는 애플비스[6]로 일하러 가려고 준비 중이었다.
내가 그랬다. "에휴, 아버지, 그냥 약속 깨고 〈헬보이〉나
보러 가요." 아버지는 셔츠를 바지에 쑤셔 넣고, 바지
고리에 허리띠를 밀어 넣으며 잠시 생각에 잠기더니
나를 바라보며 말했다. "그러지 못해 얼마나 아쉬운지,
너는 모른다." 아버지가 그런 말을 한 건 그때가

처음이었는데, 그때 나는 이미 스물아홉 살 이었다. 그 희생에 대한 존경과 사랑을 담아, 나는 약속 깨기를 기쁨으로 받아들인다.

(8월 24일)

5. 머리의 구멍

나는 혀에 착 감기고 흥미로운 계보나 어원, 역사를 지닌 기이한 속담을 좋아한다. 적절한 예가 바로 생각나지는 않지만, 무슨 말인지 알 거다. 그래, 하나가 떠올랐다. "내 머리에 구멍이 필요한 것처럼 X가 필요해." 이건 X가 필요하지 않다는 뜻이다. 내 머리에 구멍이 필요한 것처럼 해고되는 게 필요해. 내 머리에 구멍이 필요한 것처럼 이 암이 재발되는 게 필요해. 내 머리에 구멍이 필요한 것처럼 우리 애가 헤로인에 다시 손대는 게 필요해. 흥미로운—슬프다는 뜻이다—이 직유법은 직접 머리에 구멍을 내는 게 어쩌면 합리적인 대응일지 모른다는 것을 암시한다.

내가 지금 이 표현을 떠올린 것은 〈머리의 구멍Hole in the Head〉이라는, 버투스 하디먼Vertus Hardiman에 대한 최근의 다큐멘터리가 있기 때문이다. 그는 내가 이 글을 쓰고 있는 곳에서 약 145km 떨어진 인디애나주 남부, 라일스스테이션에서 자랐다. 라일스스테이션은 1800년대에 자유 흑인들이 세운 매력적인 동네다. 몇 년 전 기념일에 가보았는데, 종이 접시에 담긴 통옥수수며 베이크드 빈에 바비큐까지 실컷 먹었다. 그러고 나서 동네 박물관을 어슬렁거리며 주민들과 담소를 나누었다.

나는 오늘 그 다큐멘터리의 예고편을 본 다음,

온라인으로 좀 더 검색해 보며 하디먼이 아이였던
1920년대에 그가 어린아이들로 구성된 그룹, 즉 어린
실험 대상자들 중 하나였다는 사실을 알게 되었다.
방사선 실험이 자행되었다는 것도 알게 되었다. 당국은
이 어린아이들을 인체에 심각한 영향을 주는 수준의
방사선에 노출시켰고, 그 결과 다섯 살의 하디먼은
머리에 탄 구멍이 생겨버렸다. (이런 말을 하면 불쾌하게
들릴지 모르지만, 오 젠장, 흑인들이여, 절대 흰 실험복 차림에, 공무
수행 중인 것처럼 보이는 백인이 당신이나 당신의 아이들에게 뭔가를
실험하게 내버려두지 마라. 제발.) 여러분이 나와 비슷하다면
담뱃불로 지진 것 같은 두피의 상처를 상상할 것이다.
어쩌면 희끗희끗한 머리털이나 머리칼이 자라지 않는
부분 탈모를 상상할지도 모른다. 그런 상상은 접자.
하디먼이 비니를 벗고 그 밑의 붕대를 풀면 드러나는
두개골의 주먹만 한 틈과 번들거리는 피부, 지방층을
상상하자. 주변 피부는 온통 분홍색과 회색으로 그을려
있다.

    나는 이 나라에서 그동안 흑인들이 견뎌온,
상상하기 힘든 폭력을 떠올리지 않은 날이 마지막으로
언제였나 기억해보려 하고 있다. 친구 키아에게
편집증과 싸우는 일에 대해 얘기했을 때, 그는 이렇게
말했다. "이 나라에서 흑인으로 살면서 편집증에 걸리지
않으려면 미쳐버려야 할 걸."

    그들이 우리의 머리에 구멍을 내고 싶어 한다고
생각하지 않으려면 미치자.

(8월 25일)

6. 여전한 회복

방금 친구 월트로부터 다정하기 그지없는 문자메시지를 받았다. "사랑한다, 빵나무 열매야." 이 특이한 열매가 무얼 의미하는지는 모르겠지만, 최근에 그것이 단언하건대 가장 고귀하고 맛있는 열매 중 하나인 오디와 연관이 있다고 배웠다.[7]

몇 년 전 월트는 심한 광장공포증이 생겼다. 버스가 모퉁이의 인도로 올라와 자기를 데려갈까봐 스프링 가든 스트리트에 있는 자기 집 옆 가로수길을 걷는 것조차 두려워했다. 가로수에서 속이 썩은 묵직한 가지라도 떨어질까 봐 걱정했고, 번개가 칠까 봐, 혹은 갑자기 땅이 그 탐욕스러운 입을 벌리고—이런 일은 실제로 일어나고 있다—자신을 먹어 치울까 봐 겁을 냈다. 이 극심한 공포가 시작되기 정확히 7년 전, 그가 만성골수백혈병 진단을 받은 걸 생각하면 놀랄 일도 아닌 듯하다. 당시 그 병은 7년의 생존율을 보였다. 그건 살날이 7년 남았다는 뜻이었다.

나는 월트가 진단받던 날을 기억한다. 우리는 늦은 저녁을 먹으려고 차이나타운의 타이 레이크에서 만나기로 했었는데, 그가 우리 집 자동응답기에 메시지를 남겼다. 건강검진에서 혈액검사를 했는데 의사가 즉시 자신을 큰 병원으로 보냈다고 했다. 그곳 의료진은 내게 월터를 보려면 마스크를 쓰고 장화를

---

7. 빵나무는 뽕나뭇과이고, 오디는 뽕나무의 열매다.

신으라고 했고, 그동안 월터의 한쪽 팔에서 뽑은 피를 기계장치에서 휘저은 다음 백혈구 분반술이라는 임시방편의 시술을 위해 그의 다른 팔에 주입했다. 월터는 기분이 멀쩡해 보였지만 그의 피는 엉망이었다. 월터의 가족들도 와 있었는데, 마스크를 쓰고 가운을 입은 채 방 건너편 소파에 모여 심란한 표정을 감추지 못하고 있었다. 자기 피에 무슨 일이 일어나고 있는지 지켜보는 동안 그러잖아도 고음인 월터의 웃음소리는 몇 음 더 올라갔고, 살짝 더 가늘어졌다. 치료가 끝난 월터는 내게 타이 레이크로 가서 한껏 즐기라고 축복해주었다. 자기 대신 꼭 베이징식 돼지갈비를 먹어달라고 해서 나는 그렇게 했다. 공심채볶음도 곁들였던 것 같다. 그때는 이미 새벽 1시쯤이었고, 그 북적거리고 시끄럽고 연기 나는 식당에서 내 평생 가장 고독한 식사를 했다.

나는 다른 소견을 들어보려고 월터를 데리고 종양학자인 우리 삼촌에게도 갔다. 삼촌은 내 친구의 부쩍 유별나게 사랑스러워진 배를 만져보며 혈액검사를 했는데, 이번에도 같은 결과가 나왔다. "그러니까 앞으로 살 수 있는 기간이 7년이구나." 로이 삼촌이 말했다. 월터는 분명 자신이 잘 따르던 우리 아버지에게 7년 안에 죽을 거라는 말을 들은 것 같은 심정이었을 것이다. 혹은 내가 그렇게 얘기를 해준 거나 마찬가지였을 것이다. 또 이러고 있다. 나 자신을 모든 상상의 중심에 놓기. 그냥 월터에게 어땠느냐고 물어볼 수도 있었을 텐데.

　　인터페론의 태연한 혼란 속으로 아직 깊이 들어가지도 않았지만— 누군가가 이 독성 약물을 주사한 뒤 독감 같은 증상이나 기타 등등을 경험하며 마리나 아브라모비치[8] 풍의 퍼포먼스를 해야 한다(하면 안 된다)— 그것은 너무나도 가혹하고 끔찍했다. 그래서 독으로 생명을 유지하는 일을 2주 쉬고, 의사들이 방학이라 부르는(뭐든 방학이라 부르지만 실제로 방학이 아닌 경우도 많으니 조심하자) 그 기간이 끝나자, 월터는 그 짓을 또 해야 한다는 생각 때문에 머리에 구멍을 내지 않으려면 알아서 정신 병동으로 걸어 들어가야 했다. 월터는 머리에 구멍이 필요한 것처럼 기분이 나빠질 필요가 있었던 것이다. 즉 월터에게는 더 좋은 기분이 절실했다.

　　월터가 아픈 지 5년쯤 되었을 때 글리벡이라는 약이 출시되어 많은 이들이 어느 정도 회복했고, 월터도 그중에 포함되었다. (그 약은 아주 잘 들어 환자의 절반 정도가 치료되는 것 같다. 월터도 그중 하나일지 모른다.) 그러나 몸의 회복에도 불구하고 7년이 지나 글리벡이 나오기 전 죽음을 선고 받았던 시점이 다가오자, 월터는 혹시나 죽을까 봐 몹시 두려워했다. 하지만 그는 죽지 않았다.

(8월 26일)

---

8. Marina Abramović(1946~), 세르비아 출신의 개념 예술가이자 퍼포먼스 예술가. 신체의 고통이나 물리적 한계를 다룬 퍼포먼스를 주로 했다.

7. 기도하는 사마귀

빈 맥주잔 위에 기도하는 사마귀가 한 마리 있는데,
이 잔은 누군가가 카페 야외의 붉은 테이블 위에 두고
간 것이다. 아마 평소 같으면 먹고 나서 치우지 않은
그놈— 맞다, 성별은 내 추측이다—에 대한 어떤
가벼운 판단을 내렸겠지만, 오늘은 다른 사실에 훨씬 더
관심이 있다. 그놈의 악행이 이 생물에게 공연할 수 있는
매혹적인 투명 무대를 만들어주었다는 것. 그러니까
그놈은 일종의 제작 감독 같은 것이고, 나는 그의 덕을
보고 있는 셈이다. 사마귀는 창백하고 노르스름한
색이다. 다리는 6개인데, 이는 곤충의 특징이라고
8학년 때 배웠다. 이 다리 중 하나, 좀 더 정확히 말하면
그 다리의 네 마디 중 한 마디가 마치 저 자신을 끌어
올리려는 듯— 방금 녀석은 잔 밑의 구겨진 냅킨 위에
원통형에 가까운 회갈색 똥을 누었다. 속을 비우기 전
엉덩이를 가볍게 흔들면서— 잔의 테두리 너머로 접혀
있다. 그러나 가만히 보니 그냥 다리를 얼굴로 당긴
다음 그 기묘하게 기계적인 입으로(안다, 안다, 곤충을 보고
기계 같다니, 내가 얼마나 자연에서 멀어져 있는지 드러낸다는 것을.
그 반대로 얘기하는 게 맞다는 건 나도 알고 있으니 비판 좀 그만하길)
자신의 팔꿈치 전체를 핥는(조금씩 갉아 먹는) 것처럼
보인다. 바닥 쪽에 빳빳한 털처럼 보이는 것이 점점이
있는 그 마디 말이다. 지금 사마귀는 자신의 다리, 혹은

팔을 오물거리고 있고, 이 일이 잔의 테두리에서 하던
일을 대체하게 되었다. 녀석의 입은 계속 움직이고
있다. 마치 제 자신을 즐기는 것처럼. 혹은 이가 없는
사람처럼.

    이번에는 춤을 추는 것처럼 보인다. 배 밑에 있는
4개의 다리로 잔을 움켜쥔 채 들썩이고 흔들며, 마치
내겐 들리지 않는 어떤 음악을 듣고 있는 것 같다. 나는
신경을 곤두세우고 귀를 기울이다가 근처 매미들의
커졌다 잦아드는 울음소리, 바로 그 너머 개나리 덤불
속에서 우는 귀뚜라미 소리를 듣는다. 사마귀의 머리는
이따금 회전하고, 때로는 내 동작을 흉내내는 것처럼
보인다. 그 큰 전구 같은 눈과 이리저리 움직이는
필라멘트 같은 더듬이, 벌렸다 오므렸다 하는 작은
입. 문득 이 사마귀가 지난 20분간, 오후 휴식 시간
내내 나의 동반자였다는 사실을 깨닫는다. 곤충은
내게 조금씩 더 다가오다가, 춤추다가, 그리고 조용히
더 빠르게 다가오다가, 이제 내가 의자에 등을 대며
물러나자 나를 보려고(너무 자기중심적인 건가?) 잔 너머로
얼굴을 들이민다. 그러는 동안에도 몸을 흔들고 춤을
춘다. 방금 꽃무늬 드레스를 입은 여자가 지나갔고
사마귀는 그 여자 쪽으로 머리—그 하트 모양
머리!—를 돌렸다. 그리고 이내 다시 나를 쳐다보며,
잔 위 꼭대기에서 옆면을 따라 천천히 내려온다.
몸을 회전하며 잔을 따라 걸어 내려와 테이블 위로,
내 의자에서 15cm 정도 떨어진 붉은 테이블 가장자리에

둔 내 책—테리 템페스트 윌리엄스[9]의 『빈 일기』—
위로 올라온다. 이제 생물은 뒷다리로 선다. 포옹을
바라듯 앞다리를 뻗으며. 마치 무언가를 원한다는 듯·
아마도 나와 춤추기를.

    몇 년 전 나는 시 낭송을 하러 친구 제프의 농장에
간 적이 있다. 거기 있는 맨드라미와 백일초들의
축구장이 어떤 느낌일지 여러분은 모를 것이다.
은하수 같은 벌레들이 그 꽃들 위로 날아오르는데, 빙빙
돌고 뛰어들며, 나비와 벌, 잠자리와 무당벌레, 그리고
새들이 꽃들 위로 만찬을 즐기러 오고 있었다.
야생 그대로의, 완벽하게 어우러진 수분과 포식의
교향곡. 그 속을 걸어가던 나는 수천 그루의 백일초 중
한 포기의 잎 위에서 희미하게 윙윙거리며 탁탁거리는
소리를 알아챘다. 이 꽃, 오렌지색 배꼽이 연분홍색
갈기를 향해 활활 타오르는 그 꽃에서, 기도하는 사마귀
한 마리가 휘어지고 단단한 이파리 위에 서 있었다.
소리를 내거나 날아오르려는 거라고 생각했지만,
가까이 가보니 사마귀가 그 가시 돋친 장갑으로 큰
잠자리 한 마리를 붙들고 있는 게 보였다. 잠자리는
윙윙거리며 탁탁 소리를 냈고, 사마귀가 그 머리를
먹어치우자 반투명한 큰 날개들이 희미하게 빛났다.

                                      (8월 29일)

---

9. Terry Tempest Williams(1955~), 미국의 작가, 교육자

8. 흑인들 사이의 인사

흑인을 만날 때마다 목례를 한다는 건 꽤 부담스러운 일이긴 하다. 그게 내가 지금 인심 좋게 하고 있는 생각이다. 나는 블루밍턴의 한 전자 담배 가게 건너편, 초콜릿 가게와 팜투테이블 식당[10] 사이의 골목 벤치에 앉아 있다. 햇빛이 등 뒤의 벽돌 벽을 따뜻하게 데워주는 가운데, 동네에서 종종 보지만 대부분 나를 전혀 의식하지 않는 사람이 나를 못 본 듯 지나가고 있다. 이 동네는 흑인 인구도 부족하고, 서로 알아보는 일도 드물다. (저기 그가 또 지나간다. 크랜베리 맛 라크루아[11]를 홀짝이며, 선글라스를 낀 채 내게는 관심조차 주지 않으면서. 나는 내 것처럼 빨간 그의 스니커즈가 마음에 들어 어쩌면 그가 미국의 표현형[12] 친족을 넘어 나의 소비자 친족일지도 모른다고 생각했는데, 안타깝다.) 물론 내 생각이 틀릴 수도 있고, 어쩌면 마주치는 모든 흑인에게 인사할 필요성—그럴 필요나 의무를 느끼는 것—의 상당한 정서적 부담감이나 감정 노동을 등한시하고 있는지도 모른다. 아마도 나의 비非친척은(일러두자면, 나는 백인이 내게 인사하는 건 결코 기대하지 않는다) 그냥 전제와 의무 자체를 거부하고 있었던 것 같다. (그 사람이 나를 못 봤을 거라고? 그는 날 봤다. 아마 나를 도미니카 사람으로 생각했을 거라고? 뭐가 다르지!)

최근에 밴쿠버에 갔는데 그곳은 확실히 인종

---

10. 농장에서 기른 신선한 재료를 곧바로 식탁에 올리는 방식으로 운영하는 식당
11. 펩시의 탄산수
12. 유전자뿐 아니라 환경의 작용에 의해 나타나는 모든 육체적, 생화학적, 생리적 성질

비율이 전반적으로 우리와 달랐다. 온갖 유형의 갈색인종에다 갈색인종이 아닌 이들도 많았다. 추측이지만 왠지 아프리카계 미국인의 수가 더 적은 것 같았다. 그저 이곳저곳 돌아다니며 허술하고 일반적인 수준의 관찰을 하고 하는 얘기이니 틀렸다면 부디 용서하길. 아무튼 이틀 동안 나는 단 한 번도 흑인 인사negreeting를 나누지 않은 것 같다. 아, 태국 음식점에서 시도하긴 했다. 한 혼혈 가족 중 갈색 피부의 갓난아기가 귀엽게도 밥을 안 먹고 옹알거리고 있었는데, 아이의 흑인 아빠는 바로 옆에 있는 나의 존재를 거의 의식하지 못했다. 정작 아이는 내게서 눈을 떼지 않고, 나도 헛되지만 약간 부탁하는 듯한 흑인 인사로 아이에게 윙크를 보내고 있었는데 말이다. 아이 아빠가 나에게 질투가 나서? 왠지 그건 아닌 것 같다. 아무튼 내 이웃이 흑인 인사를 하지 않는 것은 캐나다에서는 아무 일도 아닌 것처럼 느껴졌다. 아이 아빠는 가족과 태국 요리를 먹으며 이 예쁘고 산만한 아프로 머리의 아이가 자기 콧구멍을 젓가락으로 찌르지나 않나 보고 있을 뿐이었다.

(우리 아버지가 가장 즐겨 했던 이야기 중 하나이자, 나에게는 아버지의 가장 슬픈 이야기가 있다. 아버지가 영스타운의 패스트푸드 식당 레드 반에서 계산대를 맡고 있을 때였는데, 한 흑인 손님이 주문하며 끝에 브러더를 붙였나 보다. 아버지는 이렇게 대답했다. "우리 어머니는 바보는 키운 적이 없는데요." 그 말은 분명 그 사람의 감정을 상하게 했다. 분위기를 가라앉히느라 아버지가 자신의

루이스빌 슬러거 야구 방망이를 꺼내야 했으니 말이다. 그게 아버지의
이야기였다. 그 일을 생각하면 내 감정이 상한다.)

캐나다에서 이틀간 흑인 인사를 박탈당한 뒤 다시
덴버에 내렸을 때, 나는 곧바로 흑인 인사를 받았다.
계속, 계속. 고작 10분 만에 다섯 번을. 그건 편안하고,
매력적이며, 진실되게 느껴졌다. 어떤 면에서는 나를
붙잡아주는 것 같고, 어떤 면에서는 지켜봐주는
느낌이었다.

내 친구 압델이 무고함에 관한 책을 쓰고 있는데,
나도 친구가 하고 있는 탐구에 살짝 참여할 예정이다.
특히 이 나라의 뿌리 깊은 믿음 탓에 늘 잠재적 범죄자
취급을 받는 흑인들에게 무고함이란 불가능한 상태라는
주제에 대하여. 이를 이해하는 건 어렵지 않다. 미셸
알렉산더[13]의 『새로운 짐 크로』를 읽어보라. 아니면
전과 기록이 없는 흑인이 구직 관련 회신을 받을
확률이 중범죄로 기소되었던 백인보다도 낮다는 걸
보여준 데바 페이저[14]의 고용 관행에 대한 연구를 보라.
보육원과 초등학교에서 추방되고 있는 흑인 아이들에
관한 통계들. 비무장 흑인, 때때로 아이들까지 죽이고도
무죄로 석방되는 경찰들을 보라.

여러분이 이 나라의 흑인이라면 잠재적 범죄자나
마찬가지다. 압델의 이야기로 돌아오면 그는 학교
교사라 특히 아이들에 대해 많이 생각하는데,
우리에게는 무고함이란 게 허용되지 않는다. 한 국가의
눈과 심장은 피할 수 없는 것이다. 한 나라의 상상은

---

13. Michelle Alexander(1967-),
미국의 작가, 변호사, 인권 활동가
14. Devah Pager(1972-2018),
미국의 사회학자

피할 수 없는 것이다. 그래서 흑인끼리 나누는 인사는
이곳, 대부분이 흑인에게 관심을 갖지 않는 이곳에서
우리가 서로의 무고함에 대해 증인이 되어주는 한 방법,
내가 당신의 무고함을 보고 있다고 전하는 한 방법이다.
  그렇다면 근사한 빨간 신발을 신고 나를 외면한
내 형제 아닌 형제는? 아마 그는 한 발짝 더 앞서
나가는 중일 것이다. 아마 그는 하나의 세계를—이
경우에는 인디애나주 블루밍턴의 한 거리—상상하고
있을 것이다. 그의 연합이 박탈과 공포에 기반을 두지
않는 세계, 함께 몸을 웅크리는 것에 기반을 두지 않는
세계를. 아마도 그는 흑인은 범죄자라는 전제 자체를
전적으로 거부해 흑인 인사를 할 필요성도
못 느끼는 것일 터다. 그리고 그런 식으로 우리의
무고함을 선포하는 것이리라.
  아마도.

(9월 6일)

9. 낯선 이들의 하이파이브

오늘은 인디애나주의 어느 작은 동네에 있는 대학에서 시 낭송을 한 다음 광장을 거닐고 있었다. (중서부 작은 동네의 특징: 중심에 시청 같은 느낌의 건물이 있고, 항상 우울한 조각상 같은 것이 이런저런 전쟁을 자랑스레 소개하고 있다. 이곳 광장에는 그다지 보호는 안 될 것 같은, 1차 세계대전 당시 헬멧이라 부르던 모자를 쓴 조각상이 있었다. 당연히 총도 한 자루 들고 있었다. 미국의 시민이자 편집자 제나 오스먼의 책 『유명인들』은 우리가 세운 조각상이 하나같이 손에 무기를 들고 있는 사실에 대해 경각심을 심어주었다. 선을 행하는 독재[어쨌든 자신의 삶에서]가 기쁨이라고 치면, 내가 지금 상상하고 있고 심지어 강요하고 싶은 기쁨 한 가지가 있다. 새로 세우는 모든 조각상의 손에는 이런 것이 들려 있어야 한다. 꽃이나 꽃삽, 아기, 묘목 혹은 친칠라[15]···.
이렇게 계속 나열할 수 있을지도 모른다. 대신 앞으로 절대 총은 두 번 다시 못 들게 하는 것이다. 나는 그렇게 선포하고, 또 기존의 총도 전부 제거할 것을 선포한다. 우리의 영웅들이 잠시 아무것도 들고 있지 않은 것 자체가 하나의 은유가 되게 하자.) 광장을 다 돌고 나와 나는 **미국을 다시 위대하게 만들자**라는 표어들이 커다랗게 붙어 있는 가게 앞 차고 한 곳을 지났다. 그곳은 외제 자동차 정비소였고, 안에는 주로 토요타나 혼다 차들이 있었다.

나는 한 카페에 자리를 잡고(그곳에는 이 동네의 모든 흑인들이 [숨어] 있는 것 같았고, 그들 한 사람, 한 사람이 눈에 띄지

---
15. 다람쥐 비슷한 남아메리카의 동물

않는 종류의 흑인 인사를 건네는 것처럼 보였다) 공책을 꺼낸 다음, 이 기쁨들을 내 컴퓨터로 옮기며 다시 읽어보고 있었다.

헤드폰을 끼고, 드 라 소울[16]의 새 음반을 틀어놓고 한창 몸을 흔들며 일하다가, 열다섯 살쯤 되어 보이는 백인 소녀 한 명이—어쩌면 대학생일지도 모르겠다—내 옆에 손을 들고 서 있는 걸 알아차렸다. 올려다보고 무슨 일인가 싶어 헤드폰을 벗었더니 그 애가 말했다. 마치 코치나 뭐 그런 사람처럼. "글을 쓰시나 보죠? 응원합니다. 하이파이브!" 그래서 나는 일부러 닳은 듯한 구멍을 낸 데프 레퍼드 티셔츠에 아기자기한 닥터마틴 신발을 신은 그 애와 당연히 하이파이브를 했다. 나는 확실히 낯선 이들과 나누는 유쾌하고도 공적인 몸의 대화를 좋아하고 즐기기 때문이다. 그럴때 무엇이 유쾌함을 만들어내는지는 비밀이 아닌 것이, 커다란 덩치에 남성 시스젠더[17]이며 백인은 아닌 나의 몸이 알려준다. 달리 말하면, 유쾌하고 기쁜 것은 보편적이지 않다는 말이다. 우리 모두는 이제 이걸 이해해야 한다.

몇 달 전에는 이탈리아의 움베르티데 시내를 걷고 있는데, 청소 트럭 한 대가 내 옆에 서더니 보조석에 앉은 사람이 뭔가 내가 이해할 수 없는 말로 외쳤다. 나는 이렇게 대꾸했다. "코모como." 스페인어로 '뭐라고?'라는 뜻의 단어다. 사실 우스꽝스러운 대답인데, 왜냐하면 그가 다시 말해주었다 해도 나는

---

16. De La Soul, 미국의 힙합 그룹
17. 태어난 성별과 성 정체성이 일치하는 사람

그 말을 이해하지 못했을 것이기 때문이다. 그는 이 상황을 이해했고, 캔 두 개를 주워 담으려 트럭에서 뛰어내렸다. 그리고 자신의 근육을 과시하며 나를 가리키더니 내 이두근을 세게 두드렸다. 두 차례나! 나는 그가 좋았다! 웨이트리스가 내 어깨에 손을 얹을 때도 좋았다. (나를 허니라 불러도 신경 쓰지 않는다. 베이비면 오히려 좋고.) 혹은 서둘러 지나가느라 누군가가 내 등에 손을 얹을 때에도. 악수와 포옹도. 나는 그 둘 모두를 좋아한다.

 한번은 비행기에 탑승해 발을 질질 끌며 통로를 걸어가는데, 이코노미석 맨 앞줄에서 잡지를 읽으며 앉아 있는 종조부 얼이 보였다. 나는 무릎을 꿇고 그의 팔뚝에 손을 얹으며 말했다. "얼 할아버지, 저예요, 로스." 할아버지는 나를 조금 의아하게 쳐다보았고, 할아버지와 함께 여행하던 분, 전혀 종조모 실비아처럼 보이지 않는 여성분도 마찬가지였다. 곧이어 나는 얼 할아버지가 아닌, 얼 할아버지의 20년 전 육촌 형제쯤 되어 보이는 승객을 다시 돌아보았다. 물론 온화한 분위기라 누구도 상처를 받지는 않았지만, 다소 기이했던지 그들은 어리둥절해 보였다. 그로부터 약 6개월 뒤 얼 할아버지가 돌아가신 걸 생각하면 무슨 차이인가 싶다. 나는 그렇게라도 할아버지를 뵙고, 그를 만질 수 있었던 것이 기쁘다. 부드럽게, 사랑을 담아. 1600km쯤 떨어진 곳에서.

               (9월 9일)

10. 손으로 쓰기

출처가 미심쩍긴 하지만, 나는 데릭 월컷[18]의 이야기를
좋아한다. 시 워크숍 첫날 대학원생들에게 시를 손으로
쓰는지 컴퓨터로 쓰는지 물었다는 이야기. 내 기억으로
그가 컴퓨터로 시를 쓰는 사람을 묻자 수강생의
절반 정도가 손을 들었다고 한다. 아는 사이라고는
할 수 없지만 그가 노벨상을 받은 직후 한 대학에서
진행한 워크숍에 참가한 적이 있는데, 그 감미롭고도
통명스러운 목소리에 매혹된 한편 살짝 오싹해졌다.
그 낭랑한 목소리에는 마치 해당화 같은 향기와 가시가
있었다. 그 목소리가 학생들에게 아무 감정 없이 이렇게
말했다(그 자체가 감정의 표현이지만). "거기 6명은 이
워크숍에서 나가도 좋아요." 여러분이라도 그랬겠지만,
학생들은 짐을 챙겨 복도로 나섰다. 혹시나 로버트
핀스키[19]의 수업에 청강석이 있는지 궁금해하고 있었을
것이다. 그러나 월컷은 학생들이 너무 멀리 가기 전에
그들을 불러 세웠다—해당화의 향기로운 부분—
"자, 자, 난 그냥 요점을 얘기하는 거예요." 무엇이
요점이었을까?

    수전 손택은 어딘가에서 이런 말을 했다. 글쓰기의
속도를 높여주는 기술보다는 늦추어주는 기술이
우리가 사용해야 하는 기술이라고. 분명 수전 본인도

---

18. Derek Walcott(1930-2017),
    세인트루시아의 시인, 희곡작가
19. Robert Pinsky(1940~),
    미국의 시인(데릭 월컷과 함께 보스턴
    대학교에서 가르쳤다).

해당되었을 '손으로 쓰는 사람'이라는 주제에 관한
논문이었던 것 같다. (1960년대와 1970년대의 작가들이
다들 허겁지겁 삼키던 각성제도 하나의 기술로 볼 수 있는지는
의문이다.) 나의 경우에는 딱히 어떤 논문은 없지만,
손으로 써 온 것, 특히 이 짧은 에세이들을 손으로 쓴
것이 놀랍고도 완벽한 기쁨이었다는 걸 일러두고 싶다.
장담하는데 나라면 월컷의 워크숍에서 쫓겨나지 않았을
것이다. 왜냐하면 나는 시를 아주 느리게, 한 줄 한 줄,
펜으로, 요즘은 르 펜[20]으로(르 펜도 하나의 기쁨이다) 쓰기
때문이다.

    물론 산문은 종종 컴퓨터로 쓴다. 문장들을
빠르게 쌓아 올린 뒤 자르고 붙이기를 반복하고, 아무
생각 없이 문단 전체를 지워버리기도 한다. 그러나 이
에세이들은 손으로, 주로 르 펜으로, 자그마한 공책에
쓰기로 정했다. 그래서 몇 가지는 얘기할 수 있다.
첫째, 펜과 그 뒤의 손은 옆길로 새기 쉬운 야수라는 것.
그 야수는 어쨌든 내 경험상 천천히 나아가는 생각을
갈망하며, 그걸 담을 하나의 문장구조를 빚고 상상하고
떠올린다. 한편 삭제 버튼으로 지울 수 있게 된 '생각의
과정'은 글쓰기라는 경험 전체나 마찬가지다. 그것은
다량의 화려한 파편과 부유물, 표류물, 우리가 이미
쓴 이상 사라지지 않는, (지운 자국 자체도 일종의 기록인)
그 모든 말들을 생산하는 일로, 우리가 알게 된 것들로
이어지는 기이한 경로이자 생각이라 부르는 것, 바로
글쓰기인 그 무엇이다.

---

20. 마비 우치다Marvy Uchida사에서
    나온 필기구명

예를 들어 좀 전의 쉼 없는 문장은 문장의 파편으로, 그 일부는 나의 몸이 이 라벤더색 르 펜에게 우리가 언어라고 부르는 공중회전 비행을 시키며 보낸 무척 근사한 시간 덕분에 생겨난 것이다. 바로 글쓰기 말이다. 요점은 이거다. 만일 내가 컴퓨터로 타이핑을 하고 있었다면 나는 앞서 말한 저 파편을 농익어 짜내야 할 여드름처럼 받아들였을 것이다. 그래서 결국 내 사고방식의 어떤 중요한 측면, 특히 숨 가쁜 느낌이나 불어나는 문장구조, 컴퓨터의 빨간색 첨삭 줄(그 줄은 우리에게 어찌나 상처를 주는지!) 따위는 적당히 넘기거나 아예 신경 끈 듯 모호하게 말하는 기쁨은 상당히 다듬어졌을 것이다. 아마 세미콜론과 적절한 서술부를 통해 좀 더 올바르지만, 그래서 지루한 것으로 변했을 것이다. 확실히 그렇게 하면 글쓰기라고 하는 실제의 마법은 줄어든다. 우리의 몸에서 비롯되고, 우리를 생각하게 하며, 우리만 비밀스레 알고 있는 그 마법 말이다.

(9월 12일)

11. 옮겨심기

오늘은 필라델피아에서 디트로이트까지 가는 비행기에 무화과 묘목 세 그루를 밀반입했다. 솔직히 밀반입은 아닌 것이, 대범하게, 보란 듯이 들고 있었던 데다 비닐봉지 안의 촉촉한 거름에 뿌리들을 꽂아두었기 때문이다. 그러나 밀반입이라고 하는 쪽이 겉으로 보이는 것—막대 몇 개를 봉지에 담아 가는 것—보다 더 스릴 있게 들리고, 어떤 면에서 오히려 실제 상황에 더 가깝다. 생물체를 약 1100km 떨어진 곳에 옮겨심기 위해 운반한다는 것. 내가 이미 그것을 무화과 묘목이라고 얘기하는 바람에 여러분의 마음은 그곳에 가 있을지 모르지만, 초점은 지금 내가 기쁨을 봉지에 담아 여기저기 갖고 다니고 있다는 것이다. 실제로 기쁨은 지금 내 머리 위 보관함의 비닐봉지 안에 담겨 있다. 내 더러운 옷들과 함께 있어 아마 좀 고약한 냄새가 나기는 할 거다.

　이것은 꾸준히 쌓이고 있는 기쁨 중 하나인데, 뉴저지 프렌치타운의 스테퍼니 어머니네 마당에서 가져온 이 무화과나무는 더 멀리 펜실베이니아 랭혼의 델라웨어에 있는 숲에서 얻어온 묘목으로 기른 것이기 때문이다. 그곳에는 친구 제이의 가족이 살았고, 그의 아버지는 여주와 배, 복숭아, 공심채 그리고 이 무화과가 있는 멋진 정원을 가꾸었다. 내가 처음 제이의

아버지에게 무화과들을 좀 옮겨 심을 수 있느냐고
물었을 때(제이네 집은 이사 중이었고, 나는 그 정원이 더 이상 내
안식처가 되지 못할 거라는 사실에 마음이 아팠다) 그는 그래도
된다고 했다. 그 묵묵한 분이 뭐라도 말했다면 말이다.
제이의 아버지는 자신의 거대한 밤나무 밑에 있는
무화과나무 숲으로 나를 데려갔고, 곡괭이를 들더니
난도질을 시작했다.

    조금 오싹하기는 했던 게, 나는 초록 손 중의 초록
손[21]이었기 때문이다. (두 가지 부수적 기쁨: 보수적인 어르신인
제이의 아버지는 실제로 거북 한 마리를 구해 등껍질에 구멍을 하나
뚫고, 대략 구멍 크기의 견과 하나를 실에 매달아 끼웠다. 그 줄의
다른 쪽 끝을 자신의 상추밭 한가운데 있는 막대에 묶으면 이 거북을
부지런한 [비록 강제이지만] 달팽이 보초로 쓸 수 있었다. 그러나
이게 첫 번째 부수적인 기쁨이라는 얘기는 아니다. 기쁨은 그분의
아들, 내 친구 제이가 밤을 틈타 등껍질에서 견과를 빼낸 다음,
자전거로 그 생물을 [한 손으로 안은 채 헬멧도 안 쓰고] 네샤미니
크리크 근처 지류, 거북들의 요단강[22]으로 싣고 갔다는 것이다.
두 번째 부수적인 기쁨에는 지독한 아이러니가 있다. 사람들이
아무것도 못 기른다는 의미로 검은 손이라고 할 때, 나는 네,
저도요, 하고 말한 다음, 이 검은 손들이 가꾸는 풍성한 정원에 대해
얘기한다는 것.) 이제 우리는 양동이에 물을 받아 묘목들을
꽂았고, 제이의 아버지는 이번에는 내게 묘목이 마르지
않게 하라며 직접 당부의 말까지 했다.

    어제 나는 스테퍼니 어머니네 무화과나무를

---

21. 원예에 재능이 있다는 뜻으로
여기에서는 식물과 깊이 교감한다는
뉘앙스. 반댓말로는 검은 손이 있다.
22. 성경에서 이 강을 건넌다는 것은
'약속된 축복의 땅으로 들어간다'는
뜻이다.

삽으로 몇 그루 파내며 제이의 아버지처럼 뿌리 부분을
난도질했고, 그러는 동안 계속 나무에게 위로의
텔레파시를 보냈다(내 짐작에 제이의 아버지는 그러지 않았을
것 같다―앞서 말한 거북 이야기 참고). 뿌리가 잘 내린 묘목
몇 개를 골라 호스 근처의 양동이로 가져가 물을 채워
담가둔 다음, 며칠 전 세상을 떠난 레이철[23]이라는
스무 살 아이의 장례식에 가려고 샤워를 한 후 옷을
갈아입었다. 스테퍼니는 내게 전화로 레이철의 죽음을
전하며 우리가 갓 심은 나비나무 위에 나비 두 마리가
내려앉았다고 말해주었다. 추도식이 열리는 집의 뒤쪽
구석에 서 있는 동안―구석으로 간 것은 내 키가 컸기
때문이고, 함께 들으려고 스테퍼니도 그리로 오라고
했다―우리는 회색 양탄자 위에 은빛으로 어슴푸레
반짝이는 무언가를 발견했다. 추도식이 끝나고
스테퍼니가 집어 올려 보니 코끼리 귀걸이 한쪽이었다.
코끼리는 레이철이 가장 좋아하던 동물이었다. 그 애는
코끼리를 흠모했다.

집에 돌아와 피자와 과카몰레를 먹은 다음(나의
과카몰레―한 가지 기쁨. 또 다른 기쁨은 재료가 아보카도, 양파,
마늘, 소금뿐이라는 사실. 정말이다!), 양동이를 가져다
묘목들을 막대 모양으로 다듬은 뒤, 봉지 안에 담아
조리대 위에 두었다. 그것들은 거기에 마치 약속처럼
놓여 있었다. 변화를 가져올 작은 존재들. 돌아와 꽃을
피울 작은 몽상가들. 어떻게 하면 그런 존재들을 우리
곁에 늘 데리고 다닐 수 있을까.

(9월 15일)

---

[23]. 2013년 인디애나 주립 대학교에서
일어난 신입생 추락사 사건의 희생자

12. 별명들

나는 지금 겉표지에 주목하라라고 새겨진 공책에
이 글을 쓰고 있고, 이건 내 가방에 들어 있는
주목하라고 새끼야라고 적힌 또 다른 공책의 사촌이다.
글씨는 내가 친구와 공동 소유하고 있는 챈들러 앤드
프라이스 활판인쇄기로 찍은 것으로, 텍사스주 러벅의
한 인쇄소에 맡겨져 있어 아직 보지는 못했다. 나의
사랑하는 공동소유자 단짝, 이렇게 말하니 어딘지
배우자 같지만, 내게 이 근사한 공책들을 선물한 이의
이름은 부기 또는 부그스다. 내가 그렇게 지었다—나의
가장 위대한 문학적 성취 중 하나. 부기 또는 부그스는
여러분이 부기 또는 부그스에 붙여줄 만한 최초의
별명은 아닐지 모른다. 여러 이유가 있겠지만 아마 가장
중요한 이유라면 그가 부깅[24] 같은 춤에 많은 시간을
쏟아온 친구는 확실히 아니기 때문이다. 그건 여러분이
그의 외모를 보면 단박에 알 수 있다. 물론 그런 건
옳지 않지만, 그래도 여러분의 판단이 맞을 것이다.
이것이 부기 또는 부그스가 그야말로 위대한 별명인
이유 중 하나다—그건 그러니까 여러 번 반복하며
아주 자연스러워진 변화구 같은 것으로, 그의 세례명인
커티스가 오히려 어색하고 투박하게 느껴지기에
이르렀다. 어딘지 루터교도 같고, 어딘지 무뚝뚝한.
커티스는 정말이지 이름 계의 클로즈라인[25]이다.

---

24. 록 음악에 맞춰 격렬하게 추는 춤
25. 미식축구에서 팔을 쭉 뻗어 상대 선수의 목을 쳐서 넘어지게 하는 태클을 클로즈라인clothesline이라 부른다.

미식축구가 생각난달까.

내가 이 별명을 좋아하는 또 다른 이유, 그리고 내가 이 별명을 무척 좋아한다는 사실 자체를 새삼 좋아하게 된 이유가 있다. 부기 본인은 모르는 이유인데, 내가 그의 별명을 부를 때마다 동시에 위대하며 비슷한 식의 별명이 붙은 L. 부기, 로린 힐[26]이 떠오른다는 것이다. 편견이긴 하지만, 아마 맞을 텐데, 내 짐작으로 부기는 한 번도 로린 힐의 음악에 맞춰 춤을 춰본 적이 없을 것이다. 부기는 나를 살피콩이라 부른다. 그의 설명에 따르면 지글거리는 소리란 뜻이라는데, 나랑 잘 어울린다고 생각한다. 물론 나 자신의 기쁨으로 미루어 본 안전한 가정에서 하는 얘기이지만. 부기 역시 나를 살피콩이라 부르며 나는 몰라도 되는 어떤 비슷하게 재미나고 모순된 이미지를 떠올릴 것이다. 나는 뜻도 잘 모르면서 내 별명을 피콩으로 줄이기까지 했다. 아무튼 나는 별명을 사랑한다. 별명은 나를 유쾌하게 만든다.

확실히 사람들 중에는 별명이 루크 케이지[27]의 피부에서 튕겨 나오는 추진체처럼 잘 붙지 않는 이들이 있다. 코팅 프라이팬과 달걀프라이 같은 사이랄까. 친구 패트릭이 그런데, 그나마 패트릭을 대충 스페인어로 바꾼 파트리시오 정도가 우리 사이에서 뭐랄까, 이따금 쓰이는 별명이다. '파'를 떼고, 철자를 뒤섞으면, 훌륭하고 착 붙는 이름 트리시오가 될지도 모른다. 한 세대 혹은 두 세대쯤 지나면 아름다운

---

26. Lauryn Hill(1975~), 미국의 래퍼, 싱어송라이터. L. 부기L. Boogie는 별명이다.
27. 방탄 피부를 지닌 마블 코믹스의 주인공

방식으로 와전되어 결과적으로 정확하게 나무 위에
사는 무언가[28]를 연상시킬지 모를 별명. 얼마나
유쾌한가?

나는 별명이 착착 붙는 별명자석이라 이런
가명들을 부여받았다. 비즈퀵, 비즈, 라힘(동정심을
지닌 자), 비프, 비피, 빅 맨, 빅스, 비기, 빅 릴 빅, 빅
파파, 더 빅 게이, 본스, 베이비 보이, 베이비 게이, 더
베이비, 부거, 비스트, 새미, 소시, 소스, 소시 팬츠,
닥터 소스, 닥터 핫소스, 닥, 더 닥터, 톨 레이디, 톨
드링크, 웨이브, 아로스(콘 포요)[29], 로스 더 보스 더 킹
오브 애플소스, 로스키, 스노저스, 식스, 세이스, 엉키,
대디, 그리고 그밖에 공유하기에는 심히 음란하거나
사적인 것들 몇 개. 빨리 읽어 내렸지만 이 별명들이
무슨 뜻인지 나도 정확히 모른다. 가장 아기 같은
발음인 b음이 많다는 점은 이 별명들이 원초적인 것일
수도 있겠다는 생각을 하게 한다. 적어도 내가 느끼기에
나는 사랑하는 사람들을 실명으로 부른 적이 별로
없다. 그들만 괜찮다고 하면, 내가 지어준 이름으로
부른다. 나는 이것이 내가 사랑하는 이들을 내 아이처럼
생각한다는 의미인지 궁금하다. 그건 썩 보호자처럼
구는 것처럼 보인다. 내가 그들에게 용돈을 주는 것도
아닌데. 그러나 다른 면에서 보면 얼마나 사랑스러운가,
나의 모든 엄마들. 나의 모든 아기들.

(9월 26일)

---

28. 나무tree와 비슷한 발음으로 시작하기 때문이다.
29. 스페인식 닭고기볶음밥

13. 그렇지만, 아마도…

나는 스테퍼니를 차에 태우고 우리의 아름답고도 못난 작은 집으로 돌아가고 있었다. 도중에 내가 어떤 사람이 무언가에 대해 경멸하는 모습을 흉내 내며 이렇게 말했다. "훕-디-두." 스테퍼니가 물었다. "훕-디-두면 좋은 거야 나쁜 거야?" 내가 대답했다. "훕-디-두는 나쁜 거지." 스테퍼니가 "항상?" 하고 묻기에 나는 "항상. 훕-디-두는 항상 나쁜 거야"라고 대답했다. 스테퍼니가 "확실해?" 하고 되물었고 나는 "아, 확실하지!" 하고 말했다. 그러자 스테퍼니가 "당신 지금 나한테 훕-디-두가 절대 좋은 게 아니라고 말하는 거야?" 하고 재차 확인했고, 나는 대답했다. "글쎄, 확실하다고는 못 하겠는데." 분명 누군가가(이왕이면 사랑하는 스테퍼니 이외의 누군가가) 내 지식이나 어휘, 그 밖의 다른 것의 기초에 중대한 균열이 있을 수 있다고 부드럽게 일러줄 때면 나는 기쁘다. 왜냐하면 나는 훕-디-두가 항상 '빅 싯'[30] 같은 무언가를 뜻한다고 철석같이 믿어왔는데, 이제 그 퇴짜와 경멸의 문구도 의심의 범위로 들어왔고(고마워, 스테퍼니!), 그 의심은 너무도 뚜렷해져 그로부터 반어적 의미가 쉽게 벗겨질지도 모르겠다. '대단도 하셔라' 같은 뜻의 빅 싯 말이다. 우리 엄마가 마치 돈이라도 받고 하는 것처럼 쏟아내는 라-디-다라는 멸시 조의 문구가 있다.

---

[30] big shit, 중요 인물, 거물을 뜻하는 비속어

"너 반바지 크지 않니?"[31] 정도의 뜻인데, 이것도 마찬가지다. 조금만 생각해 보면 좋은 뜻일 수도 있는 게, 날씨에 잘 맞춰 입은 큰 반바지는 넉넉한 삶을 나타내기 때문이다. 우리가 6학년 때 매일 불렀던 슬릭 릭과 더그 E. 프레시의 노래는 말할 것도 없다. 앤토니오는 초록색 커버의 좌석에다 비트를 만들고, 그의 동생 마이크는 그 옆에, 나와 모리스와 커머라는 가까이에서, 다 함께 노래하고 괴성을 질러대 운전사를 말 그대로 미치게 만들었다. 라-디-다-디, 벼락출세한 큰 반바지 차림의 모든 졸부들을 지휘하는 열두 살짜리 거물들, 라-디-다, 홉-디-두, 그건 분명히 기쁨이었다.

(9월 29일)

---

31. Aren't your britches big?, "건방 떨지 마"를 돌려 말하는 것. 비슷한 표현으로 "네 반바지에 비해 너무 커(Too big for britches britches)"가 있는데, 이때도 분수나 실제에 비해 너무 거창하게 행동한다는 뜻이다.

14. "환희는 지극히 인간적인 광기다"

이것은 제이디 스미스가 그의 아름다운 에세이
「환희joy」의 끝부분에 쓴 문장이다. 이러한 결론에
이르는 과정에서, 작가는 자신이 체질적으로
즐거워하는 성향이라는 점을 설명한다. 자기에게
요리를 대접해 보면 큰 보람을 느낄 거라는데,
여러분의 팬케이크는 그가 먹어본 최고의 팬케이크가
될 것이기 때문이다. 게다가 작가는 내가 보기에
무척 놀라운 자질인—거의 검사 수준으로 자만심이
강하고 할리우드에 집착하는 우리 문화를 생각하면
두 배, 세 배로 놀라운 자질—재미있는 얼굴에서
아름다움을 찾는 능력이 있다. 나도 그런 게 좋다. 뭔가
구부러지거나 불룩한 것. 치아 한두 개가 다람쥐 같은
것. 잡지나 영화에서 털이 있어서는 안 된다고 하는
곳에 있는 털. (잠시 우리 아버지의 왼쪽 관자놀이에 있던 모반을
기리고, 기쁨으로 받아들이는 묵념의 시간을 갖겠다. 아버지는 그
모반을 친절하게도 내 왼쪽 엉덩이에 더 밝은색으로 물려주었는데,
그 모반은 더 밑에 있는 허벅지 위쪽을 가로지르는 긴 흉터와 만나
뒤집힌 느낌표 모양이 된다.) 늘 그렇듯 나는 스미스의 환희에
대한 명상에서 엉뚱한 방향으로 샜고, 이렇게 방향을
트는 것도 내게는 기쁨이다. 하지만 이 글의 초점은
그것이 아니다.

    초점은 스미스가 즐거움과 환희의 차이를

구분했다는 것이고, 난 그 점에 고마움을 느낀다.
즐거움—내 경우에 그건 오늘 아침 언덕 밑에 있는
비건 빵집에서 산 완벽한 케이크 도넛이다. 그걸 사러
자전거를 타고 갔는데, 초가을의 상쾌한 날씨 때문에
폭격 도중에 눈물이 찔끔 났다. (기쁨!: 폭격이라는 군사적
화법에서 빼앗아 온 단어를 자전거나 스케이트보드를 타고 언덕
밑으로, 그것도 비건 빵집으로 질주하는 걸 표현하는 데 쓰게 된
것.) 그 도넛은 최고였다. 그러나 그 자체로 환희인 것은
아니다.

    기쁨의 책을 쓰고 있는 데다 궁극적으로 환희에도
관심이 있기 때문에, 나는 즐거움과 기쁨 사이의 관계도
궁금하다—스미스가 얘기하는 즐거움과 기쁨. 잠시
멈추어 가짜 어원을 하나 들려줄까 한다. de-light는
'빛의of light'와 '빛 없이without light' 둘 다를
나타낸다.[32] 그리고 그 두 가지가 내가 동시에 얘기하고
있는 것이다. 내가 다루고 있다고 생각하는 것. 어떤
것의 일부로 존재하면서도 어떤 것 없이 존재하는 것.
다른 말로 하면 환희.

    스미스는 아우슈비츠를 방문하러 가는 동안
남편이 자신의 다리를 붙잡고 있는 상황에 관해 쓴다.
"우리는 삶을 가치 있게 해주는 유일한 것을 느끼면서,
삶을 견딜 수 없게 만드는 것을 향해 가고 있었다.
그것이 환희였다." 그 상황은 즐거움과는 거의 연관이
없다(물론 사랑하는 이의 다리를 잡고 있는 것도 즐거움이고,
사랑하는 이에게 다리를 잡히는 것도 즐거움이지만). 그건

---

32. de는 영어에서는 부정, 분리 등을
    뜻하는 접두사이고, 프랑스어에서는
    '-의'라는 뜻이기 때문이다.

스미스가 완벽하게 묘사하는 다른 것과 연관이 있다.
조금 수수께끼 같지만, 그 자체가 약간 수수께끼이기에
이 묘사는 완벽해 보인다. 견딜 수 없음이 삶을 가치
있게 만든다는 것. 그게 어떻게 가능할까?

터무니없는 것은, 그리고 터무니없는 건. 나는 후자가
더 좋다고 생각하면서 한 가족의 뒤에 앉아 있다. 아이
둘을 돌보면서 작은애 때문에 짐에서 약을 찾고 있는
한 가족. 아이는 스티로폼 하키 헬멧을 쓴 채 울고
있다. 아파서 우는 울음이었다. 아마도 내 기억에 오에
겐자부로[33]가 그렇게 말하거나 썼을 것이다. 자신은
심각한 인지 장애를 지닌 아들이 없었다면 사람이
된다는 것이 무엇인지 알지 못했을 거라고. 나는 자녀는
없지만 아이들을 좋아하고, 아이가 있는 사람들도
좋아한다. 그들은 내가 보기에 끊임없이 두려움을
공유하고, 그 두려움 바로 옆에 존재하는 것은—
여기에서는 그걸 기쁨이라고 부르자—즐거움과는
다르고 환희, 제이디 스미스가 말하는 환희와는 어떤
식으로든 연결되는 것이다. 두려움과 기쁨은 서로의
곁에 나란히 앉아 있고, 아주 높은 다리 끄트머리에서
발을 덜렁덜렁 흔들고 있다.

  이것은 부모의 몸 안에 있는 은유적인 다리일까?
만일 그렇다면, 그 다리가 연결하는 지역은 무엇일까?
혹은 그 다리는 각각 두려움과 기쁨이 사는 동네를
연결하고 있고, 그래서 높이 앉아 흔들고 있는 발들은

---

33. 大江健三郎(1935~2023),
일본의 작가

두려움과 기쁨의 동네에 속하게 되는 걸까? 그 둘
다, 말하기 조심스럽지만, 정확히 여러분의 아이처럼
보인다. 모든 아이는 두려움과 기쁨을 동시에 안겨
준다.

레이철이 추락사했을 때—사고, 미끄러짐,
그 무엇으로 부르던 그건 여러분이나 내가 어릴 적
천 번은 했을 법한 행동을 하다가 일어난 일이다.
사소한 일을 하며 시간을 보내다가, 어느 끄트머리에서
균형을 잡다가, 더 멋있게 보이려다가, 더 가까이,
더 빠르게, 더 높이 가려다가….

다시 생각해 보니 앞서 말한 다리는 왠지 모든
사람, 떨어진 아이를 사랑하는 모두의 몸 안에 존재하는
것 같다. 또 그게 누구든, 아이가 떨어지기라도 하면
초토화될 모든 이의 몸 안에 존재하는 것 같다. 그건
말하기 유감스럽지만, 우리 모두다.

그렇다면 놓쳐버린 아이의 경우— 가로대에서
손을, 가로대에서 발을—그 사다리는 무슨
은유일까?—어찌나 그 애는 우리를 꿰뚫고, 우리에게
구멍을 내는 것처럼 보이는지.

그 구멍으로 무엇이.

이것이 터무니없는 부분이다. 그것이 가능한가?
사람들이 우리에게 온다는 것—내가 여기에서
열망하는 것은 형이상학적 논쟁이 아니다. 운명이나
신에 대한 논쟁이 아니고, 그저 단순하고 영적인
질문이다—그런 다음 우리에게서 멀어져 간다는
것이— 나는 그에 대해서는 쓰고 싶지도 않다.

차라리 이런 것. 그럼 그 구멍으로 뭐가 지나가는 거지?

파올로 소렌티노[34]의 영화 〈그레이트 뷰티〉의 한 장면을 떠올려보자. 반짝 스타였던 소설가이자 사교계 명사인 주인공 젭은 이제 중년에서도 후반이라고 할 만한 나이다. 그는 한 예술가의 전시장에 들르는데, 그 예술가는 네다섯 살 무렵부터 일상 속 자신의 모습을 매일 사진으로 담아왔다. 아, 이제 마흔다섯 살이 된 남자의 사진 수천 장 전체가 로마의 어느 아름다운 건물 안뜰 벽에 퀼트처럼 걸려 있다. 뒷짐을 지고 유심히 그 사진들을 훑어보던 젭은 압도된다. 우리는 그가 시간의 흐름을 몹시 뚜렷한 방식으로 보고 있는 모습을 보게 된다. 헝클어진 머리의 아이, 깡마른 10대 소년, 얼굴에 갓 수염이 난 젊은이, 진짜 어른의 시기가 다가왔을 때의 그 무엇, 피로감. 그 장면에 나는 참담해진다. 일부는 젭의 턱이 떨리기 시작할 때 그 장면의 감정을 고조시키는 크로노스 쿼텟의 슬픈 연주곡 '비애티튜드스The Beatitudes' 때문이기도 하지만, 정말로 참담한 것은 젭이 자신의 삶, 그리고 그 삶의 남은 부분이 지나가는 모습을 보고 있다는 걸 우리가 알기 때문이다. 잃어버린 사랑, 죽은 친구들, 그 모든 것. 그는 내가 그의 삶의 근원적 진실이라고 쓰려고 했던 것을 보고 있다. 그건 사실 우리 삶의 한 가지 근원적 진실이다. 간단히 말하면 우리가

---

[34]. Paolo Sorrentino(1970~), 이탈리아의 영화감독

죽는다는 것이다. 혹은 모든 것이 죽는다는 것. 혹은
사라진다는 것. 혹은 필립 러빈이 그의 아름다운
시에서 언급했듯이―사실 이것은 내가 늘 그렇듯이
그 시의 제목에서 따온 것이다. 시 자체는 약간 다른
것에 관한 내용이다―"동물들이 지나가고 있다,
우리의 삶으로부터." 그 무엇도 이 문장만큼 죽음을 잘
표현하지 못한다. 그리고 때때로―어쩌면 대부분?―
우리는 동물이다.

    몇 년 전 나는 이런 꿈을 꾸었다. 슈퍼마켓에서
계산을 하고 있는데, 내 인생이 끝날 거라는 뚜렷하고
참담한―오, 예 이런 느낌이 아니라 아주 선명한
느낌의―깨달음이 밀려왔다. 나는 줄을 선 채로
울먹이며 사람들이 카트를 밀고 지나가는 모습과
계산원이 물건들을 스캐너 위로 옮기는 모습을 보았다.
그와 동시에 이 삶에 아주 절대적인 사랑을 느꼈다.
이제 모르는 타인들과 같은 시간에 식료품을 산다는
평범한 사실조차, 모든 시시한 일과 마찬가지로,
더 이상 가까운 일도 현재도 아니었다. 지금처럼 좋은
것도 끝이었다.

    그건 내가 꿈의 바깥에서도 느낀 감정이다.
사랑하는 이의 등을 바라볼 때. 담요는 허리에 엉겨
있고, 얇은 차양을 뚫고 들어온 햇살이 그 어깨를
가로지를 때. 의자에서 잠든 엄마를 지켜볼 때. 입은
살짝 벌어져 있고, 눈 위쪽 피부가 정확히 나와
닮았다는 게 느껴질 때. 줄지어 선 문상객들을 볼

때, 텃밭에서 마지막 파프리카를 딸 때. 그럴 때
선명해지는 삶의 유한성에 대한 강렬한 자각. 그건
끔찍한 감정이지만 나쁜 것은 아니다. 라이너 마리아
릴케가 『두이노 비가』의 서두에서 "모든 천사들은
끔찍하다"라고 우리에게 말할 때의 그 끔찍함이다.
옛 독일식의 끔찍함(만일 내가 이 문장의 의미를 실제로 알고
쓰는 것처럼 느껴진다면, 당신은 어디 가서 사기당하기 딱 좋은
사람이다), 더 정확히 말하면 낭만주의적 의미에서의
끔찍함, 또는 말소와 소멸에 대해 얘기하는 에드먼드
버크[35] 식의 끔찍함이다. 모든 천사는 우리에게 소멸이
프로그램의 일부라는 걸 되새겨준다. 그리고 그 끔찍한
소멸의 천사는 아름다운 존재이자 환희의 창조자이기도
하다. 부분적으로는 제이디 스미스가 이야기한 환희
속에 있는 것이 의미하는 바다. 느낌이나 성취가 아닌
것, 끔찍함(옛 독일식)으로 들어서는 것, 그것과 결합하는
것, 그것이 환희다.

내가 누군가에게 들은 아름다운 이야기 중 하나를
꼽는다면, 제자 베서니가 자신의 교육적 열망과 정신에
관해 들려준 이야기가 있다. 어떻게 자신이 교사를
꿈꾸게 되었는지, 자신의 교실이 어떤 교실이 되길
원했는지에 대한 이야기. "만약 우리의 황무지를 한데
모으면 어떨까요?" 앉아서 이 말을 잠시 음미해 보자.
몸 그리고 인생이 황무지를, 아무도 가보지 않은 땅을
실어 나를 수 있다는 것에 대해, 그리고 여러분의

---

35. Edmund Burke(1729-1797),
아일랜드 출신으로 영국에서 활동한
정치인, 철학자

황무지와 나의 황무지가 어딘가에서, 어떻게든 만날지도 모른다는 것에 대해. 심지어 합쳐질지도 모른다는 것에 대해.

그리고 만약 그 황무지가—아마 그 안에서 가장 빼곡한 황무지—덤불, 습지, 늪, 건널 수 없는 계곡과 강들이(은유가 좀 명확해졌는지?)—우리의 슬픔이라면? 혹은 스미스의 표현을 빌려 "견딜 수 없는 것"이라면. 나는 가끔—아니 자주—내가 알게 되는 사람들마다—모두가, 모든 것에도 불구하고, 여기서는 정말로 모든 것이라는 뜻—개인적으로 얼마나 깊은 슬픔을 품고 살아가고 있는지 깨닫고 깜짝 놀라곤 한다. 마약에 중독된 형제, 살해된 어머니, 수술 도중 사망한 아버지, 가족에게 거부당한 사람, 재발한 암, 퇴거당한 사람, 건강하지 않은 태아. 모두가, 항상, 이 모든 것에도 불구하고 살아간다. 우리 모두가 시달리기 마련인 존재론적 슬픔은 말할 것도 없다. 즉 우리 자신과 우리가 사랑하는 대상이 곧 소멸할 거라는 슬픔. 소멸이라는 말은 필요 이상으로 극적으로 들린다. 그냥 죽음이라고 하자. 이것, 슬픔, 곧 닥칠 우리의 상태가 불러 일으키는 슬픔이, 거대한 황무지인 걸까? 슬픔은 진정한 황무지일까? 그리고 그렇다면—만일 우리가 여러분의 황무지와 나의 황무지를 합친다면—그건 뭐지? 왜냐하면 합일 역시 일종의 소멸이니까. 만일 우리의 슬픔이 합쳐진다면 말이다. 내 말은, 만일 그것이 환희라면?

(10월 2일)

15. 하우스 파티[36]

벤 러너[37]의 책 『시의 혐오』에 대해 애덤 커시[38]가 쓴 리뷰를 읽고 있다. 그 책은 확실히, 시의 인기가 곤두박질치고 있다는 의혹의 진짜 원인을 밝히려는 여러 책의 전통을 잇고 있다. 리뷰를 복사해 준 것은 밀트라는 사람인데, 어릴 적 칼테크[39]의 여러 건물 주변을 뛰어다닌 데다 라이너스 폴링[40]과도 아는 사이라고 하기에 그를 좀 심문했다. (때마침 나는 비타민 C 디톡스를 하고 있었기 때문이다. 매일 수천 mg의 비타민 C를 먹어치우는 식의 디톡스인데, 그게 오히려 독이 되지 않기를 바랄 뿐이다. 참고로 감기는 금방 나았다.) 그가 나를 은퇴자 공동체에 초청해 준 덕에, 오늘 그곳 사람들 40여 명 앞에서 시를 읽었다. 대부분 졸지도 않고, 내가 여태껏 만난 청중들이 그랬듯 사랑스럽고 적극적인 사람들이었다. 그곳의 이름에도 다른 여러 은퇴자 공동체처럼 정원이 들어 있는데, 공영주택 단지나 몇몇 정원과 비슷한 방식의 이름 짓기인 셈이다.

밀트는 시 혐오가 《뉴요커》와 관련이 있다는 가설을 믿고 있었다. 《뉴요커》 역시 그것을 죽이고 있다고 생각했다. 시 말이다. 그에 의하면 《뉴요커》는 시를 죽이고 있지만, 불행히도 시 혐오는 죽이지 않고

---

36. 1990년에 개봉해 속편이 이어진 코미디 영화
37. Benjamin Lerner(1979-), 미국의 시인, 소설가, 에세이 작가, 비평가, 교육자
38. Adam Kirsch(1976-), 미국의 시인, 문학비평가.
39. California Institute of Technology (Caltech), 캘리포니아 공과대학교
40. Linus Pauling(1901~1994), 미국의 화학자, 평화운동가, 교육자

있었다. 그거야말로 시 정원에 대한 혐오라고 밀트는
생각했다. 나는 그가《뉴요커》를 너무 과대평가하고
있었던 게 아닌가 생각했다. 그러나 밀트만 그런 의견을
가진 것이 아니었다—《뉴요커》에 대해, 시 혐오에
대해, 혹은 시 혐오의 정원에 대해, 그 옆에 있는 시의
사망 판정 정원에 대해, 바로 앞에 있는 시의 무용無用의
정원에 대해, 그리하여 시 혹은 시 혐오에 관한 러너의
책이 잘 팔리는 현상에 대해. 그러나 나는 솔직히 시
혐오에 대해 이러쿵저러쿵 떠들고 싶지는 않다. 또
커시가 리뷰의 결론에 쓴 것처럼 "시가 한때 지녔던
것을 재발견하고, 다시 그렇게 될" 방안에 대해서도
얘기하고 싶지 않다. 그런 얘기를 하고 있으면 마치
이미 시 혐오를 걱정하는 상업적이고 경험에 근거를
둔 탄탄한 산업이 움직이고 있기라도 한 느낌이기
때문이다.

    나는 중서부 대학촌에 살고 있다. 한 달에 한
번 바에서 열리는 포이트리 슬램[41]에 입장하려는
줄이 과장을 보태지 않고 그 구역을 감쌀 정도다. 또
안에서는 온갖 다양한 사람들이 자신의 시를 200여
명의 관객들과 나눈다. 몇 주 전에는 인디애나폴리스로
가는 택시를 탔는데, 운전사 말이 자기는 일주일에
두세 번 다양한 열린 낭독회에서 직접 쓴 시를 읽는다고
했다. 그리고 지난주에는, 역시나 우리 동네에서의
일인데, 계관시인 후안 펠리페 에레라가 약 600명의
청중을 불러 모았다. 내가 참석한 수많은 결혼식과

---

41. 현장에서 운율이 강조된 자신의 시를 낭송하거나
즉흥적으로 읊기도 하는 낭송 대회 혹은 퍼포먼스

장례식의 식순에 시
한 편이 포함되어 있었고, 지금도 계속 쓰인다는 것은
말할 필요도 없다. 그래서 솔직히 말하면, 나는 시
혐오에 대해서는 눈곱만큼도 관심이 안 간다. 그에
반대되는 증거를 매일 풍부하고 다양하게 보고 있기
때문이다.

 어제는 캘리포니아의 라베른 대학교에 다니는 약
25명의 학생들이 듣는 수업에 다녀왔다. 우리는 시 몇
편을 읽고, 적극적이고 사려 깊은 토론 시간을 가졌다.
그런 다음 다 같이 뭘 좀 먹으러 그리스 음식점으로
향했는데, 도중에 한 젊은 친구가 내게 〈하우스
파티〉라는 영화를 아느냐고 물었다. 나는 오래전에
봤다고 대답했다. 이 친구가 백인이었다면 뒤이어 나올
이야기가 예상되어 살짝 긴장했겠지만 — 당신이 하이톱
페이드[42]를 했으면 키드 앤드 플레이[43]의 키드랑 많이
닮았을 것 같아요. — 그 학생들은 백인이 아니었고,
아무튼, 나에 대해 얘기하는 것도 아니었다. 내 시에
대해 얘기하는 것이었다. 학생들은 내 시가 그 영화 속
춤을 생각나게 한다고 했다.

 이런 젠장, 바로 이런 거지, 그건 아마 내가 받을
수 있는 최고의 평가일 것이다. 이 말이 이해가 안
된다면(그 소감이나 내가 그 소감을 좋아하는 것, 그리고 그런
평을 해준 우리의 문학비평가에 대한 나의 위대하고 지속적인 사랑
말이다), 그건 그냥 여러분이 일주일에 약 40시간을

---

42. 머리 옆은 최대한 짧게 깎고, 위쪽만 두둑하고
 평평하게 남겨두는 헤어스타일
43. Kid 'N Play, 미국의 힙합 듀오, 영화 〈하우스
 파티〉의 주인공으로 출연

(친구인 테오, 모리스, 할리와 함께) 키드 앤드 플레이가 구사한 발차기 스텝의 모든 응용 동작부터 롭 베이스 앤드 디제이 이지 록[44]의 '잇 테이크스 투It Takes Two'까지 완벽히 익히는 데 써 본 적이 없어서 그럴 것이다. 우리는 모리스네 아파트의 커다란 거울 앞에서 동작을 똑같이 맞추었고, 모리스의 어머니는 부엌에서 그레이비소스를 저으며 "모리!" 하고 외치셨다. 9학년 장기 자랑을 준비하던 우리는 접시들이 덜그럭거릴 정도로 열심히 연습했다. 장기 자랑에 '우승자'는 없었고(나는 중등교육의 그런 방침에 공감한다) 사실상 유일한 하나의 행위가 있었는데, 바로 끝나고 나면 무대가 춤판이 된 것이다.

(10월 6일)

---

[44]. Rob Base & DJ E-Z Rock, 미국의 힙합 듀오

16. 벌새

오늘은 빨래하러 가느라 풋힐 대로를 지나는데 (빨래방은 나의 기쁨 중 하나다. 우체국이나 공공 도서관처럼 민주적인 공간은 아니지만[45], 조용하고 유쾌하다) 벌새 한 마리가 윙 하고 날 지나쳐 거의 송전선 높이까지 솟아오르더니 죽은 나무 위에 내려앉았다. 새는 산들바람에 흔들리는 가냘픈 가지 위에 앉아 이리저리 머리를 비틀었지만, 대부분은 그저 조용히 앉아 있었다. 길 저편에 정체된 차들을 바라보며, 심지어 내가 바로 밑까지 다가가도 움직이지 않았다. 나는 그렇게 탁 트인 곳에서 그토록 오랫동안 조용히 앉아 있는 벌새는 그때까지 본 적이 없었다. 물론 스테퍼니는 유독 벌새들이 내 주위를 따라다니는 걸 보며 벌새가 나의 토템 동물일지 모른다고 말했지만. (지금 나는 빨래방 바깥의 모퉁이에 앉아 이 글을 쓰고 있는데, 어느 젊은 여성이 뾰족한 귀가 달린 겨울용 고양이 모자를 쓰고, 그와 색깔을 맞춘 분홍 신을 신은 작은 도베르만핀셔를 데리고 아스팔트 도로 위를 경쾌하게 건너갔다. 맹세컨대 거짓말이 아니다.)

한 번은 벌새 한 마리가 내가 일하는 학교 건물 바깥의 빨간 봉선화를 음미하고 있기에, 꽃밭으로 살금살금 걸어가 꽃을 한 송이 꺾어 든 다음 아주 살짝 팔을 뻗었다. 최소 한 명의 학생이 내 쪽으로 걸어오다 너무 가까이 지나가게 될까 봐 길을 건넜을 만큼 오랫동안 서 있었다. 그 흐릿한 빛이 내 손 안에

---

45. 한 사람이 오래 사용하거나 눈치껏 빈 세탁기를 차지해야 하는 분위기를 뜻한다.

있는 얼마 안 되는 달콤함 속으로 얼굴을 담글 때까지. 또 한 번은 전에 버클리에서 낭독회를 했을 때 나에게 자신의 정원을 보여주고 싶어 하던(은유가 아니라 실재하는 그의 정원 말이다) 한 독자의 집을 방문했을 때였다. 온갖 과일나무와 허브, 분주한 벌통에 감탄하며 함께 정원을 산책한 다음, 우리는 모든 것이 내려다보이는 마루 위에 앉았다. 그는 잠시 에두르다가 자신의 한 친구에 대한 이야기를 들려주었는데, 친구의 병든 남편이 원하면 다른 남자를 만나보라고 권해 친구가 그렇게 했다는 것이었다. 원하고 만나보는 것. 나는 어떻게 되어가고 있느냐고 물었고, 순간 나를 초대한 그가 미처 대답도 하기 전에, 벌새 한 마리가 그 긴 회색 머리칼이 살짝 출렁일 만큼 윙윙대며 스쳐 지나갔다. 그러더니 내 새로운 친구의 머리 바로 뒤 인동덩굴에 목까지 잠길 만큼 깊이 부리를 담갔다. 날개에서는 마치 신음하는 듯한 소리가 났고, 새가 꽃 안팎으로 머리를 신중히 옮길 때에는 먹는 소리가 들릴 정도였다. 친구가 내 질문에 끄덕이며 대답했다. "제가 보기에는 잘 되어가고 있는 것 같아요."

(10월 6일)

17. 그냥 꿈 하나

내가 몽테뉴에게 배운 많은 것 중 하나는 (방금 내가 그
이름의 철자를 썼다는 데 살짝 놀라고 있다) 에세이라는 단어에
내가 이미 알고 있던 '시도하다' 혹은 '해보다'라는
뜻 외에 '심판'이라는 뜻이 있다는 사실이다.
어디였는지는 확실치 않지만 한 헌책방에서 집어 든
펭귄 클래식스 에디션의 에세이(심판) 중 한 편에서
이걸 찾아냈다. 「책에 대하여」라는 에세이인데,
말 그대로 책에 관한 내용이었다. (내 추측으로 몽테뉴에게
제목 짓기는 심판의 대상이 아니었던 것 같다.) 그 내용은
몽테뉴가 살았던 시대의 고전들, 그중 일부는 우리
시대에도 고전으로 남아 있는 책들에 대한 멋지고
가끔은 잔인할 만큼 솔직한 평가였다. 플라톤, 키케로,
베르길리우스, 호메로스도 언급했던 것 같다. 그리고
세네카. 그는 키케로와 플라톤 둘 다 요점을 말하기까지
지나치게 터벅터벅 걸으며 뜸을 들여 지루하고
장황하다는 점을 발견한다. 베르길리우스는 무척
흠모하는데, 그의 「농경시 Georgics」야말로 역대 시 중
최고라고 평가한다. 나 역시 「농경시」를 좋아하는데,
이런 식으로 좋은 친구를 두었다는 사실을 알게 되는
건 기쁜 일이다. 다만 내 생각에 몽테뉴는 내 에세이는
좋아할 것 같지 않다. 온통 뜸 들이기에 불과하기
때문이다. 아마 내가 하는 모든 일이 뜸 들이기에

불과할 것이다.

내 생활에서 가장 큰 기쁨 중 하나는 하루를 시작하며 침대에 누운 채로 천장이나 옷장을 응시하는 것이다. 방으로 들어오는 띠 모양의 빛이나 블라인드 위에 맴도는 먼지 깃털들을 본다. 아니면 꿈을 되새긴다. 가끔 어떤 꿈은 유난히 선명한데, 예를 들어 어젯밤 나는 힐러리 클린턴의 부통령이 될 예정이었다. 나는 여전히 나였는데, 수업을 맡은 교실의 칠판 위에 뭔가를 적으며 혼자 이런 생각을 하고 있었다. '그는 엉뚱한 사람을 뽑은 거야. 나는 이 일에 적합하지 않다고.' 나는 쉽게 공황 상태에 빠지거나 곧잘 망상에 사로잡히는 내 성향을 떠올렸고, 그것이 부관 역할에 얼마나 부적격인지를 생각했다. 비록 그가 첫 여성 대통령 후보자가 된 사실, 첫 여성 대통령이 된 사실을 커다란 포옹으로 축하했지만, 속으로는 이렇게 생각하고 있었다. '어떻게 하면 이 상황에서 벗어나지?'

이것이 아마 내 꿈속 인생의 여러 주제 중 하나—아무리 생각해도 기본 주제는 아니다!—인 것 같다. 어떻게 하면 이 상황에서 벗어날 수 있지? 그건 하늘에서 추락하는 비행기와 멀리서 불어오는 토네이도, 내가 주연을 맡았지만 대사를 외워 가지 않은 연극, 차가 막히는 도로 위에 유니폼 차림으로 앉은 채 참여할 수 없게 된 마지막 미식축구 경기를 전부 설명해 준다.

몇 년 전에는 이상한 꿈을 하나 꾸었는데,

꿈속에서 엄마와 2년째 섹스를 한 것이었다. 감사하게도 그 섹스를 실제로 경험한(꿈에서 경험한) 것은 아니지만, 잠에서 깨자마자(꿈속에서 깼다는 뜻) 지난 2년간(2가 의미심장한 숫자일까?) 엄마와 잠자리를 해왔다는 사실을 깨달았다. 여러분이 지난 2년간 엄마와 잤다는 걸 깨달았더라도 그랬을 텐데, 난 완전히 정신 줄을 놓아버렸다. 호흡이 가빠진 채 이리저리 서성이면서 생각했다. '어떻게 지난 2년 동안이나 엄마랑 섹스를 할 수 있지?' 일러두자면, 이건 오이디푸스콤플렉스와 연관된 실수는 아니었다. 오이디푸스의 경우는 내가 보기에 충분히 용서가 되고 이해할 만한 게, 그는 시작부터 곤경에 빠졌고 눈먼 사람이 그걸 알려주기 때문이다.

　내 기억에 그 꿈에서 옳지 않은 일(엄마와 2년 동안 섹스를 한 상황)이 일어났을 때 엄마는 조금 뒤 나와 만나기로 약속이 되어 있거나, 어딘가에 가 계셨다(데이트?). '내가 무슨 짓을 한 거야, 내가 무슨 짓을 한 거야?' 하고 나는 계속 생각했다. 이 글을 쓰며 깨달은 것은 내가 꿈속에서 나와 함께 악행의 공모자였던 불쌍한 우리 엄마, 사랑하는 엄마를 탓하지는 않았다는 것이다. 그 점 하나는 나 자신을 칭찬할까 한다.

　다른 끔찍한 꿈을 꾼 적도 있다. 그중 하나는 내가 누군가를 살해한 다음 슈퍼볼을 보자고 사람들을 초대하는 꿈이었다. 우리가 루트 비어를 앞에 놓고

떠드는 동안 의자 뒤에는 사람의 잘린 머리가 놓여
있었다. 이 밖에도 끔찍하고 지독한 꿈이 많았다.
그러나 여러분은 상상할 수 있을 것이다. 그 어떤 꿈도
엄마와 2년간 섹스를 한 꿈만큼 끔찍하지는 않았고,
그 꿈에서 깨어났을 때만큼 기뻤던 적도 없었다는 것을.
나는 신음을 내뱉었고, 역겨움을 떨치려 고개를 흔들며
이렇게 소리 질렀다. "*감사합니다! 감사합니다!*"
그 누구도 아닌 나 자신에게 말이다.

(10월 10일)

18. "그건 좀 밤비 느낌인데…"

…라고 내 친구 팻이 말했을 때, 나는 그에게 스테퍼니와 내가 만난 사람에 대해 이야기하고 있었다. 스테퍼니와 나는 묘지 근처에서 개를 산책시키고 있었고, 우리 고양이 데이지가 그 뒤를 따르고 있었다(맞다, 디즈니 느낌이다, 하지만 아직 밤비 느낌은 아니다). 그 사람은 칠부 소매의 AC/DC[46] 티셔츠에 단단히 맨 허리띠 너머로 육중한 배가 늘어져 있었고, 챙 위에 면도날 모양의 주유소 선글라스를 얹은 카모플라주 모자를 쓴 채 예초기를 밀고 있었다. 그가 우리에게 이런 일화를 들려주었다. 웬일인지 이웃의 사슴 가족이 나타났을 때, 그는 사슴들을 본 걸 넘어 사슴들과 친구가 되었고, 가끔 그가 선글라스를 끼고 막 정비한 예초기를 잡으면, 아기 사슴이 다가와 커다란 늙은 개처럼 그를 핥을 정도가 되었다고 말이다. "정말이지 내가 밀쳐내야 할 때까지 그랬어요. 이제 가, 가라고. 그러다 한 번은 거기서 또 일하고 있는데 갑자기 정신이 아득해지더라고요. 당뇨가 있다는 생각은 못 하고 기분이 영 찜찜하고 심각하게 어지러워서 창고 밖으로 나와 집으로 걷기 시작했죠. 다음은 어떻게 된 줄 알아요? 깨어나보니 그 사슴 두 마리랑 있더라고요. 엄마 사슴이랑 아기 사슴이 내 뺨과 눈, 얼굴을 온통 핥고 있는 거예요. 내가 기절했었구나 하고 깨달을 때까지 그러고 있었죠.

46. 호주의 전설적인 록 밴드

그래서 '알았다, 알았어, 이제 됐어' 하고 말한 다음 일어나 탄산수를 좀 마셨죠."

(10월 16일)

19. 억누를 수 없는 것, 감사

아니, 억누를 수 없는 모든 걸 얘기하는 건 아니다.
(기쁨: 내가 본 티셔츠에 이렇게 적혀 있었다. "다시
인종차별주의자가 되는 게 무서워지도록 만들자." 그러나 솔직히
쉽지는 않은 게, 이건 되려 인종차별주의자들에게 관심을 모아주는
일이기도 하고, 또 내 안의 증오도 드러내는 일이기 때문이다. 이런
게 무서운 것이다. 어떤 면에서는 더.) 내가 오늘 얘기하고 있는
것은 이것이다. 내가 지금 지켜보고 있는, 엄지손가락
정도가 들어갈 만큼 갈라진 아스팔트 틈에서 자라고
있는 아마란스. 위로는 철망 울타리가 쳐져 있고,
꼭대기에는 가시철사 세 줄이 지나가고 있다. 만일의
경우에 대비한 것 같다. 아마란스는 철망 울타리와
가시철사 뒤에 있는 큰 목재 화분 속의 식물들로부터
탈출한 것처럼 보인다. 그 식물들은 초록색 잎— 때로
칼랄루[47]라고 부르는 부분— 과 분홍색 원뿔 모양
꽃들로 빼곡하다. 몇몇은 완벽히 수직으로 서 있고,
몇몇은 고개를 숙이고 있다. 마치 귀를 기울이거나
자신들을 기다리는 누군가를 돌아보는 것 같다. "이리
와." 식물들 사이로 미풍이
불 때면 서로 속삭이는 것처럼 보인다. 그들은 울타리를
마주한 몸들이다. 촛불들이다.

　　식물들에게는 손님도 있다. 나는 지금 아주
가까이에서 그걸 볼 수 있다. 최근 멸종 위기종 목록에

---

47. 아마란스의 수많은 아종 중
하나이기도 하고, 이 잎으로 만드는
수프의 이름이기도 하다.

추가된 꿀벌들이 방문했다. 또 각각의 꽃이, 종종
그렇듯이 사실은 많은 꽃이 모인 것이라는 사실을 알 수
있다. 뒤영벌 몇 마리— 뒤웅박을 단 듯 뒤뚱거려서 이런
이름이 붙은 걸까? 그렇다면 잘못된 호칭인 게, 꽃 무리
위로 우아하게 기어오르는 이 벌들은 〈맨 온 와이어〉에
나오는 필리프 프티[48]의 명성을 떠올리게 하기
때문이다. 더 귀엽고 확실하게 비유하자면, 내 손가락을
감싸 쥔 아기의 손을 떠올리게 한다— 지금 내 일상에는
오리Auri란 이름의 아이가 있는데, 내가 그 작은 손아귀
안으로 손가락을 넣으면 아이는 그걸 감싸 쥐고 방 안을
뒤뚱뒤뚱 걸어 다닌다. 그거야말로 큰 기쁨 중 하나다.

　우리 아버지는 아는 척하기로 둘째가라면
서러운 분이었다. 그건 가끔은 기쁨일 수 있어도,
가끔은 아니었다. 아버지가 즐거워한 사실 중 하나는
뒤영벌(잘못된 호칭이다— 발레리나 벌)이 구제 불능이라는
점이었다. 너무 큰 집단. 너무 작은 날개. 한 번은
우리 곁에서 한 마리가 윙윙대자 아버지가 이렇게
중얼거렸다. "쟤는 구제 불능이야." 씩 웃으면서.

　여러분이 아마란스에 더 다가가 본다면, 밝은색
꽃들(차츰 옅어지며 라벤더색으로 변하는 불그스름하고 강렬한
분홍색) 속에서 꽃들이 씨앗들에 길을 내주고 있는
모습을 보게 될 텐데, 꽃마다(벌들은 이 사실을 안다, 꿀벌과
발레리나들, 내가 볼 수 없는 많은 벌들.) 내 어림짐작으로는
씨가 수천억 개다. 씨가 꽃마다 수천억 개란 말이다.
꽃이 100송이쯤 되니까 그 말은, 이참에 내 수학

---

48. Philippe Petit(1949~),
고층 건물 사이에서 줄타기를 하는
프랑스의 거리 공연자, 곡예사

실력을 확인하라, 씨가 수십조 개란 것이다. 그 말은,
여러분의 계산기는 잠시 치워두고, 수십조 그루의 미래
식물들, 그 각각에서 얼마나 많은 꽃, 얼마나 많은
씨(이 중 일부는 지금 내 주머니 속 종이봉투에 있으니 정말 감사한
일이다)가 나오겠느냐는 것이다. 이것이 내가 생각하는
기하급수적 성장의 실제 의미다. 이것이 내가 감사에
대해 탐구하는 이유다. 혹은 길가의 틈새 앞에서 표하는
감사의 의미다.

(10월 21일)

20. 톡톡

나는 그걸 결코 사소하게 여기지 않는다. 그 연대의
몸짓, 더 정확히는 사랑의 몸짓, 좀 더 정확히는
다정함의 몸짓을. 항공기 승무원으로 일하는 그
형제님은—한 50세쯤으로 짧게 깎은 옆머리가 막
하얗게 세기 시작했고, 아메리칸 항공 조끼가 탄탄하고
다부진 상체에 꼭 맞았다—카트를 끌고 뒷걸음질로
걸어와 내 좌석 테이블에 탄산수 한 병을 놓으며
말했다. "여기 있습니다, 손님." 그러더니 내 팔을
두 번, 톡톡 두드렸다. 아, 난 그 행위의
미덕을 극찬하기를 멈추지 않겠다. 또 보증된
친밀감familiarity에 대한 숭배도 거두지 않겠다—
여러분에게도 그 단어 속 가족family이 보이는지, 우리
가족? 그 친밀감은 한 번의 시선과 목소리 톤, 아니면
오늘 인디애나폴리스에서 샬럿(우리가 잠시 잊을까 봐
덧붙이자면 이곳들은 실제 장소다)으로 가는 비행기에서처럼
삼두근에 한 번 톡, 두 번 톡톡 두드리는 것으로
표현된다. 이런 식으로 사회적, 신체적 친근감을
표현한다는 것, 이건 그야말로 기적에 가깝다—역사상
이런 시대에, 비행기 안에서, 우리의 까다로운 몸이
웬만해서는 서로를 만지지 않는다는 사회적 계약을
넘어선다는 것. 혹은 미국의 공공 정책을 인정하면서도
짧은 추가 사항을 써넣는다는 것. 사실 그 정책이야말로

우리 중 일부를 어떤 면에서는 실제로 끔찍하게 만지는
존재고, 혹은 우리를 계속 만지려고 시도하며, 어떻게
만질지 늘 파악하는 존재다— 이 승무원은 톡톡 나에게
일깨워준다. 이렇게나 간단하게. 기억하세요, 톡톡,
우리가 달리 어떻게 서로를 만질 수 있겠어요, 그리고
달리 어떤 식으로, 여기 있습니다, 손님, 사람일 수
있겠어요.

(11월 4일)

21. 잔 받침 없이 주는 커피

누군가는 페티시라고 부를지 모를 주제이지만, 흥분할
것 없다. 발이나 여타 신체 부위와 관련된 건 아니니까.
사실 내가 극찬하고 싶은 것은 잔 받침 없이 작은
잔에 주는 커피—에스프레소나 쇼트 아메리카노[49],
코르타도[50]—의 미덕이다. (또 다른 기쁨: 라디오에서 나오는
노래, '엉클 앨버트/애드머럴 할시Uncle Albert/Admiral
Halsey'[51], 가장 괴상하고 심지어 소름이 끼치는 노래, 형이랑 우리
방에 있던 피셔프라이스 턴테이블로 듣고 또 듣던 그 노래. 여전히
살아 계신 삼촌이 물려준 지극히 비틀스다운 45인치 판 몇 장 중
하나였다.)

나는 지금 이 기쁨을 그리니치빌리지에 있는
스텀프타운이라는 카페를 비틀비틀 가로지르며
생각하고 있다. 내 쇼트 아메리카노가 작은 잔 받침
위에서 위태롭게 흔들리고 있다. 내가 무사히 구출해
탁자 위에 반듯하게 내려놓을 때까지.
휴, 게다가 스푼은 내내 절그럭거리고. 아, 제발.

가장 최근에 커피를 잔 받침 없이 받아 드는
즐거운 경험을 한 곳은 한 에스프레소 카페였는데,
그곳을 좋아하는 건 그들이 만드는 질 좋은 커피
때문이기도 하지만 한 바리스타의 호기심 때문이기도
하다. 내가 커피를 탐닉하는 동안 내 얼굴을 자세히

---

49. 에스프레소 샷을 한 번 넣고 물을 적게 부어
맛과 향이 진한 커피
50. 신맛을 줄이기 위해 따뜻한 우유와 에스프레소를
비슷한 양으로 섞은 스페인식 커피
51. 비틀스의 폴 매카트니가 작곡해 1971년에
발표한 곡

관찰한 사람. "잔 받침 없이, 맞죠? 여기 있습니다."
한 번 갔을 뿐인데 그는 나의 기호를 바로 알아차렸다.
그 사람은 정말 최고다.

　　그러나 오늘 내가 찬양하고 있는 건 그의 동료인,
프랑스인처럼 보이는 대학생이다. 프랑스인 같다는
건—여기에서 내 멍청함을 탐닉하라—허리춤이 높은
바지에 뭐랄까 질서 있게 무질서한 차림이라는 것.
스카프는 둘렀지만 베레모는 안 쓴. 그러나 그 여자가
입을 열자 내가 틀렸다는 사실을 알게 되었다. 그가
혹여 바욘[52] 출신이라고 해도, 그곳은 미국 뉴저지의
베이욘이 분명했다.

　　아무튼 그는 더블 샷 에스프레소를 내린 다음,
불필요하고 심지어 위험하기도 한 잔 받침(그것을
생산하느라 낭비되는 천연자원을 생각하자, 악마의 작은 원반들!)이
쌓인 계산대 밑으로 손도 안 대고—심지어 눈길 한번 안
주고 그냥 그 데미타스[53]를 내려놓았다. 손잡이를 쥔
것도 아니고 그냥 위쪽에서, 뭐랄까 휴게소 게임장에
있는 마법의 기계손처럼 붙잡고 내려놓았다. 내 앞에,
지극히 프랑스인처럼, 나의 형제자매가 아닌 척하면서.
그 여자야말로 나의 형제자매다.

(11월 5일)

---

52. Bayonne, 프랑스 남서부의 도시.
　　미국 뉴저지에도 철자가 같은 이름의
　　도시가 있다.
53. 에스프레소용 작은 잔

22. 바지 위의 백합

아니면 붓꽃이었나? 펜실베이니아주 캠프힐의 구세군 중고 매장에서, 몇 명의 아이들과 터질 듯이 빵빵한 비닐봉지 두 개를 들고나오던 젊은 여성의 허벅지 위에서 청바지를 화사하게 만들어주던 그 꽃. 나는 그곳에 저렴한 체육복 바지 한 벌을 구하러 들렀는데, 직전까지 바로 옆 YMCA에서 꼬박 2시간 동안 물건을 고르다가 온 참이었다. 블랙 프라이데이[54]다 뭐다 해서 전부 반값인 2달러 50센트였기 때문이다. 나는 항상 그 두 꽃을 혼동한다. 알고 있다, 내가 알아야 한다는 것을. 백합은 내가 정원에 처음으로 심은 꽃이기 때문이다. 게다가 나는 한 달 넘게 매일 그 꽃에게 분홍색 반점을 드러내달라고 기도하고 있다. 무릎을 꿇고 얼굴을 들이민 채로. 맞다, 이것도 일종의 키스인데, 나는 기도를 할 때 입술을 내밀고 눈을 감는 버릇이 있기 때문이다. 누군가 아주 가까이에서 본다면, 아마 우리 사이에서 몇 분간 쪽쪽 소리가 들릴지도 모른다. 무슨 이유에서인지 나는 '빠져 죽다drowning'라는 동사를 사용하고 싶다. 진부한 비유일 뿐 아니라 특정한 죽음을 암시하지만 나는 그 동사의 흐름을 따를까 하는데 이런 상황을 가정하기 때문이다. 꽃에 키스하는 것, 다른 생명 가까이 움직이는 것, 그리고 그것의 숨을 들이쉬는 것. 내게 그 숨은 6년 전에 심은 백합의

---

54. 추수감사절(11월 넷째 주 목요일) 다음 날로, 미국에서 연중 가장 대목인 날이다.

숨이다. 이런 행동은 정말로 여러분을 기쁨으로 죽이고, 기쁨으로 소멸시킬 것이다. 이 경험은, 여러분이 무릎을 꿇고, 숨 쉬는 존재의 숨을 들이마셔 보기 전까지 이어온 이전의 삶을 끝장낼 것이다. 백합은 또한 여러분을 부활시킬 것이다. 여러분의 입술과 코는 금빛 가루로 빛나고, 얼굴과 손가락은 종일 백합이 있던 곳의 향기를 희미하게 풍길 것이다, 아멘.

(11월 25일)

23. 가방 하나를 같이 들기

나는 이런 장면을 볼 때면 더없이 기분이 좋다.
두 사람이—오늘 본 두 사람은 차이나타운의 캐널
스트리트에 있던 이들로, 엄마와 아이 같아 보였다—
짐이 든 장바구니나 빨래 바구니의 손잡이를 각자
한쪽씩 잡고 가는 장면. 언뜻 보면 뭐랄까 괜히 더
비틀거릴 것처럼 보인다. 서툴거나 성급한 쪽이 자기
속도로 걸으려 하다 가방이 이리저리 흔들리고,
정강이를 후려치거나 땅에 끌릴 것처럼 보인다.
그러나 일단 가방을 들면 그것이 둘을 잇는 일종의
밧줄이 되어 속도, 심지어 부드러운 흔들림이나 느긋한
걸음—우리가 그에 따라 살겠다고 맹세해야 하는
유일한 리듬—마저 반대쪽에 있는 사람에게 맞추어
조절하게 된다.

    내가 가방 같이 들기를 이토록 흠모하는 이유
중 하나는, 보통 이 짐이란 게 둘 중 한 명이 들어도
그럭저럭 잘 들 수 있는 무게이기 때문이다—이런
점에서 가방 같이 들기는 할머니의 커다란 옷장을 2층
높이의 계단 위로 끌어 올리는 일이나 눈 더미에 뒤쪽이
깊이 빠져버린 트럭을 빼내느라 씨름하는 일과는
차이가 있다. 맞다. 이 행동이 필수는 아니라는 것,
그것이 아마 정확히, 나를 이토록 기쁘게 하는 점인 것
같다. 우리가 해야 하는 모든 일—식료품이나 다 된

빨래를 집으로 가져가는 일—은 이런 변변찮은 협업 없이도 잘될 것이다. 그러나 우리가 해야 할 필요가 있는 유일한 일은 이 협업 없이는 안 될 것이다.

(11월 26일)

24. 카페 안의 우산

나는 지금 시 낭송을 하러 뉴브런즈윅[55]에 가고 있고,
도중에 저지시티의 저지 대로에 있는 쇼코팽이라는
빵집에 들르기로 했다. 오늘 아침에 산책하는데 그
집의 크루아상과 키슈[56] 냄새가 얼마나 좋던지, 마치
추락하는 사람처럼 눈을 감고 손을 뻗었다. 이 집은
니콜스라는 서인도제도 음식점 대각선 맞은편에
있는데, 그 집에서는 내가 먹어본 최고의 로티[57]를 판다.
어제 뉴욕으로 들어오며 하나 사려고 들렀는데, 여주인
니콜이 이렇게 말했다. "지난 일요일에 뜬금없이 손님
생각을 했어요." 일요일을 덧붙이지 않았더라면, 내
안의 냉소 때문에 그를 그저 장사 잘하는 사람쯤으로
여겼을지 모른다. 그러나 그 일요일이라는 단어 때문에
그 말이 사실로, 뭐랄까 성스럽게 들렸다. 어쩌면 날
위해 기도했을지 모른다는 생각을 하게 되었다. 내가
니콜의 마음속을 너무 이리저리 날아다닌 것이긴
해도, 그 작은 나비butterfly 한 마리, 작은 날갯짓
인사flutterbye[58]는 내게 기쁨을 주었다. 그가 최근
몇 년 암으로 고생한 걸 생각하면, 짙은 피부색이
얼마나 아름다워 보이던지 마치 몇 주 고향에라도
다녀온 것 같아 놀랐다.

---

55. 뉴저지주의 도시
56. 프랑스식 에그타르트. 속에 채소와 고기, 치즈 등을 넣어 파이처럼 굽는다.
57. 난과 비슷한 인도식 빵으로, 누룩을 넣지 않고, 화덕이 아니라 팬에 굽는 것이 난과 다른 점이다.
58. 언어유희로 butterfly의 철자를 뒤섞어 만든 단어

빵집 안의—잠깐 말을 끊고, 한 가지 사실을
인정할까 한다. 지금까지 내 기쁨의 여정에서
음식이나 음식 형태의 성취와 경험이 꽤 자주 기쁨의
원인이었다는 것을. 어쩌면 기쁨의 지도나 지도책
형태를 이룰지도 모르겠는데, 정말이지 한 권의 책이 될
만한 아주 좋은 아이디어다. 이 책과 단짝처럼 어울릴지
모른다. 기쁨의 지도!—이 자리에 앉아 나는 C. D.
라이트[59]의 마지막 책 『시인, 사자, 유성영화,
엘 파롤리토, 생로슈에서의 결혼, 큰 상자 가게, 거울
속의 왜곡, 봄, 심야, 불과 모든 것』을 읽고 있었다. 그
책이 그의 마지막 책, 영영 마지막 책이라는 점을 소중히
여기고 슬퍼하면서. 지금은 그 자리에 앉아 다리를
꼬고 있다(나는 덩치가 크고 다리가 긴 편이라 가끔 다리를
어디에 둘지가 고민이다). 빨간 스니커즈를 신어 유독 커
보이는 내 오른발이 입구를 드나드는 사람들이 오가는
쪽에 놓여있어 주기적으로 잠깐씩 산만해져 책 읽기를
멈추고 있다. 발을 밑으로 까딱일 때처럼 반복적으로
작은 접촉을 나누는 데서 가까움, 타협, 친밀감이
비롯되기는 하지만, 지금은 잠깐씩만 그러고 있다.
허벅지 뒤쪽 근육이나 종아리에 쥐가 날까 봐. 그러면
위험하니까.

　　　아메리카노를 사서 밖으로 나가던 한 사람이
내가 흔들고 있는 크고 빨간 발 옆을 빠르게 지나가며
부드러운 미소를 보냈다. 그래서 나도 미소를 보냈다.
그는 큰 통유리 창으로 보슬비가 오는 거리를

---

[59]. Carolyn D. Wright(1949-2016), 미국의 시인

내다보더니 커피를 내려놓은 다음 우산을 펴 머리
위에 썼고, 다시 커피를 집어 들고서야 깨달은 것
같았다. 자신이 아직 빵집 안에 있다는 사실을. (창문이
무척 깨끗하긴 했다.) 나는 그가 혼자 킥킥거리는 모습을
보았다. 내 생각에, 자신이 한 일을 깨닫고 그런 것
같은데— 잠시 끊고 얘기하자면 어깨에 짊어지는
주머니를 맨 남자 하나가 방금 쇼코팽으로 들어와
외쳤다. "좋은 아침입니다, 저지시티 가족 여러분."
— 바로 우산을 낮추더니 잽싸게 걸어 나가며 선웃음을
지었다. 오늘 나는 그걸 온화함의 선웃음, 자신을
용서하는 선웃음으로 해석해 본다. 여러분도 회의에
늦었거나 바지에 살짝 지렸거나 사적인 이메일을
단체로 보냈을 때, 수프를 태웠거나 지퍼를 내린 채
코르타도를 주문했을 때, 얼굴에 코가 묻었거나 빵집
안에서 우산을 폈을 때, 자신을 세상에서 가장 귀여운
작은 존재로 생각해 본 적이 있는지?

(11월 28일)

25. 야수의 상태

오늘 아침에는 5번과 6번 대로 사이에 위치한 8번가의 호텔에서 체크아웃을 했는데, 벨보이 중 한 명이 나와 친구가 된 사이였다. 우린 만날 때마다 적어도 세 번은 포옹을 나누었다. 그가 최근 연기 대학원 시험을 보는 중이라 나는 참가한 오디션들은 어땠는지, 어떤 대사를 준비하고 있는지 물었다. 그러자 그는 맥베스 부인이 자기 남편에게 계획을 실행에 옮기라고 다그치는 장면의 독백을 놀랍고도 유쾌한 연출로 보여주어 나를 즐겁게 했다. 솔직히 내가 들어본 것 중 최고였다. 다만 아쉽게도 조금 쫓기듯 볼 수밖에 없었는데, 그가 근무 중이었던 데다 우리가 로비에 서 있어 다른 직원 한 명이 슬쩍 쳐다보았기 때문이다. 왜 그 독백을 골랐는지 묻자 그는 야망과 성취, 비전을 갖는 것에 대해 짧은 강의를 해주었다—그리고 자신은 그런 파트너를 한 명 찾았다고 말했다. "모든 것을 걸고 야수의 상태가 될 수 있는 사람이죠." 그래서 내가 말했다. "맞아요, 뭔지 알겠어요. 하지만 아기의 머리를 벽에다 내동댕이치는[60] 건 좀 너무한 것 같지 않아요?" 그가 말했다. "그럼요, 그건 너무하죠." 그런 다음 우리는 포옹을 했다.

(11월 28일)

---

60. 셰익스피어의 희곡 『맥베스』에서 맥베스 부인은 자신은 맹세한 일을 위해서는 어떤 짓도 할 수 있다며 이런 비유를 든다.

26. 비행기에서 치르는 의식들

오늘은 펜실베이니아주 해리스버그에 있는 엄마네 집에서 비행기로 돌아오는 중이다. 엄마가 방광에 생긴 문제로 가벼운 수술을 받으셔서 스테퍼니와 간병하러 다녀왔다. 이륙 전이면 늘 나만의 의식을 치르는데, 오늘은 그 일이 유난히 즐겁게 느껴졌다. 조금은 기이한 의식을 통해 나는 비행기가 하늘에서 추락하지 않을 거라는 확신을 갖게 된다. 우선 강렬한 빛으로 이루어진 거대한 커튼을 상상하는데, 비행기가 그 안으로 들어간 다음(가끔은 내가 비행기 위에 마치 침대보처럼 커튼을 던지는 상상을 한다) 빛으로 이글대는 커다란 비행선이 되어 나타난다. 이 강렬한 빛은 비행기가 사고로부터 보호된다는 걸 뜻한다.

그러나 아직 완전히 보호되지는 않는데, 이제 내가 하느님이나 비행의 신 같은 존재가 되어 그 거대한 손으로 비행선을 움켜쥐는 상상을 할 차례이기 때문이다. 마치 미식축구 공이나 성냥갑 차, 성냥갑 비행기처럼 말이다. 나는 우선 비행기를 활주로로 안내한 다음 이륙시키고 안전하게 운항시킨 뒤 활주로에 내려놓는다. 이제 주기장 쪽으로 부드럽게 이동시킨다. 이 단계들 하나하나가 내 호흡에 맞추어 1:1 비율로 일어난다. 어떤 때는 제대로 하려면 몇 번을 해야 하는데, 나의 어떤 성격이 비행기가 불시착하거나,

화염에 휩싸여 활주로에서 재주를 넘거나, 검은 연기를
내뱉는 걸 즐기기 때문이다. 그건 결코 이 연습의
의도가 아니다.

    모든 준비를 마친 것처럼 보이겠지만 아직 끝난 게
아니다. 나는 이제 마지막으로 승무원들의 말에 아주,
아주 세심히 집중한다. 세련된 기내용 잡지가 비치되어
있는 건 물론 다들 휴대용 기기를 들여다보고 있기에,
승무원들은 나의 관심을 되려 방해로 받아들이는 것
같다. 그들은 두 손가락으로 종종 우리 바로 뒤에 있는
가장 가까운 비상구를 가리키고, 이어서 두 손가락으로
복도의 비상등을 가리킨다. 그들에 따르면 비상
상황에는 비상구 쪽을 향해 불이 들어올 거라고 한다.
이번에는 절대 고무줄이 자신들의 머리에 직접 닿지
않게 하며 산소마스크 쓰는 법을 설명하는데, 이때 내가
유심히 쳐다보면 특히 불쾌해한다.

    마지막 단계로, 나는 방금 들은 대로 안내 카드를
넘겨 본다. 더 정확히, 더 솔직히 말하면 곧장 어린이
그림, 종종 아기 그림이 있는 쪽으로 넘기는데,
그 그림에서는 이미 마스크를 써서 얼굴이 안 보이는
어른이 아기에게 산소마스크를 씌워주고 있다.
이 항공편의 팸플릿은 보자마자 아찔해지는데, 잠옷
차림의 작은 땅콩이 구명조끼를 입혀주는 어른을 향해
팔을 뻗고 있기 때문이다. 그건 분명 슬픈 장면이다.
비행기에서 그만한 아기가 구명조끼를 입어야 할
상황이라면, 우린 아마 죽을 것이기 때문이다.

                                               (12월 11일)

27. 기묘한 무제

어제는 60번가에 있는 에이브러햄 헤셸 스쿨에서
열정적인 11학년생 70여 명을 앞에 두고 시 낭송을
했다. 몇 명은 시에 관심도 많고 막 움트는 시인들이라
낭송이 끝나자 나와 얘기하려고 내 주위를 서성거렸다.
심지어 한 대담한 학생은 남은 일행이 다 흩어진 뒤에도
딱 달라붙어 "약에 취한 상태로도 써보셨어요?" 하고
조용히 물었다. 그런 적은 없지만 깊이 빠지지 말라든지
하는 말은 전혀 하지 않았는데, 학교를 나오며 잠깐 그
부분이 걱정되기는 했다. 폭풍이 부는 가운데 콜럼버스
서클 쪽으로 60번가를 걸어오며, 나는 내가 그
아이에게 슬픔의 삶을 선고하지 않았기를 바랐다.

조금 겉돌던 아이들 중 가장 인상적인 아이는,
세상에! 밝은 피부색에, 한껏 부풀린 아프로 머리를 한
아프리카 면허증이 있는 아이로, 다문화 그룹 트라이브
콜트 퀘스트[61]의 비디오에서 바로 튀어나온 것 같았다.
더 정확히는 정글 브러더스나 드 라 소울. 바로 그거다.
그 애는 정말 '드 라De La'였다. 게다가 스웨트 셔츠
가슴팍에 블랙 팬서[62] 핀도 꽂고 있었다. 그 모습은
목깃에 에티오피아[63] 핀을 단 1989년의 나 같기도
했다. 펜실베이니아 레빗타운에서 그런 모습으로
있는 건 헤셸 스쿨의 이 아이만큼이나 버터밀크 속

---

61. A Tribe Called Quest, Jungle Brothers,
 De La Soul은 모두 미국의 힙합 그룹이다.
62. 1960년대에 흑인의 권리를 위해 미국에서
 조직되었던 급진적인 정당, 무장 단체
63. 종교이자 흑인 의식 개혁 운동인
 라스타파리Rastafari를 상징하는 국가

파리[64]의 행동이었다. 그러나 헤셸[65]이 킹 목사와
나란히 행진했던 일, 우리가 있는 곳이 맨해튼이라는
사실, 복잡해도 긴 역사를 지닌 흑인과 유대인의 정치적
우정을 생각하면 정도가 좀 다를 수도 있었다. 하기야
레빗타운은 필라델피아에서 약 30km 떨어진 북쪽에
배제된 단지, 분리된 단지로 개발한 구역이었다. 지금은
거의 '브라운 대 교육위원회 재판'[66]의 예고편으로
여겨지고 있다. (대대적이고 새로운 인종 차별 시대의
서막이었음이 밝혀졌다.)

펜실베이니아 르모인에 있던 우리 형의 첫 번째
집은 집문서에 흑인에게 매매하는 걸 금하는 조항이
있었고, 형이 바로 그 흑인이었다(시대착오를 만끽하라,
그런 게 집문서에 있던 시절도 있었다). 형은 적어도 그
집에게 자신의 몸이 오염물이자 더러운 존재라는 것,
형이 자신의 가족을 부르는 표현인 오물 집단 역시
마찬가지라는 것을 즐기는 것 같았다. 사실 형은 그런
얘기를 거의 하지 않았다. 내가 그 더럽힘을 즐겼다.
나는 여러분이 내가 채택하고 배치하는 단어 선택, 즉
약간은 거친 반어법을 이해할 거라고 믿는다. 이것이
통하는 건, 만일 통한다면, 그건 여러분이 진짜 감정에
가까운 것, 진짜 감정에 익숙한 것이 뭔지 알아보기
때문이다. 그 감정은 백인인 우리 엄마의 할머니, 즉

---

64. 백인들 사이에 있는 흑인을 뜻하는 인종차별적 표현
65. Abraham Joshua Heschel(1907~1972),
폴란드에서 태어나 미국에서 활동한 유대교
신학자, 랍비, 인권 운동가. 에이브러햄 헤셸
스쿨은 그의 정신을 이어받은 여러 학교 중 한
곳이다.
66. 비슷한 시설과 교육을 제공하더라도, 백인과
유색인종을 분리해 교육하는 건 차별이라 판단한
미국 연방대법원의 1954년 선고

나의 가족이 우리 아버지와 마지못해 악수를 한 뒤
앞치마에 손을 닦으며 드러냈던 감정이다. 그건 이제
우리 가족 안에서는 진부한 얘기다. 다른 곳도 아닌
1971년 미네소타 번데일에서 일어났던 실화다. 엄마는
나이가 들며 좀 더 툭 터놓고 얘기할 수 있게 되자
가끔 아버지와 보낸 신혼 시절에 대해 들려주었다—
가족 이야기, '이-아파트는-더-이상-쓰지 마라'
이야기, '넌-네-아이들의-운명을-망쳤어-그 애들은-
두뇌에-문제가-있을-거야' 이야기. 그러나 곧 두
분이 우리에게 물려준 것은 특별한 재앙이 아니라는
게 밝혀진다. 우리의 두뇌 상태가 유별나게 특이하지
않다는 것도.

    최근의 어느 날 밤, 나는 영화 〈러빙〉을 같이 보고
엄마를 차로 집에 데려다드리고 있었다. '인종 간 결혼
금지'를 금지시킨 대법원 소송의 뒷이야기를 다룬
영화였는데, 엄마는 이 영화를 좋게 본 편이었고 나는
아니었다. (말을 잘못했다. 나는 금지를 좋아한다. 아니, 금지에
대한 금지를 좋아한다. 대법원판결을 좋아한다! 그저 그 영화가
지루하고 따분한 이성애를 이차원적으로 다시 묘사한 작품이라고
생각했을 뿐이다.) 엄마는 내게 아버지 얘기를 해주었다.
두 분은 아버지가 돌아가시기 전까지 대략 35년을 함께
살았는데, 아버지가 초기에는 그랬다는 거다. "나는
당신 삶에 너무나 많은 곤경을 가져올지 몰라. 어쩌면
이러면 안 되는 건지도 몰라." 하지만 알다시피 두 분은
같이 살았다.

                                                             (12월 15일)

28. 피칸들

이 기쁨의 기쁜 점 중에서 처음 경험했을 때 거의
쓰러질 뻔한 것은, 그것의 어떤 점이 나를 기쁘게
하는지 정확히 말로 표현하기 어려웠다는 점이다.
물론 방금 비행기에서 내 뒷자리에 앉은 누군가가
'스왈로swallow'[67]라는 단어를 썼고, 그건 여러분에게
아직 아무 뜻도 아니겠지만 잠깐만 기다리자.

그 여자는 목에 카메라를 건 채 내게 푸근한
미소를 지었고, 그의 발언은—이번 기쁨은 발언의
형태이자 하나의 발언이 가끔 불러일으키는 모든 것에
대한 기쁨이기 때문에—남부와 가부장제, 피칸들에
대한 논평이자 강연이었다. 또는 짐 크로[68]에 대한 논평,
포르노에 대한 논평, 몇몇 포르노가 조장한다고 할 수
있는 정액을 무기화할 가능성[69]에 대한 논평이었다.
또는 단순히 구강성교에 대한 논평이었다. 아마도 남성
멤버 한 명이 개입되고, 펠라티오가 그 이탈리아어이고,
최소한 상반된 감정의 혼란스러운 관계에서 이루어지는
그것. 최소한. 나는 이번 기쁨이 어려워질 거라고 이미
말했다.

우리가 만난 건 낭독회를 마친 뒤 몇몇이 책에
사인을 하느라 빙 둘러서 있을 때였다. 장소는 뉴욕의

---

67. '삼키다', '그대로 받아들이다'라는 뜻이 있다.
68. 흑인을 희화화한 캐릭터이자 경멸적 표현. '짐 크로
법'은 미국 남부에서 공공장소에서의 인종 분리를
강제한 법안을 일컫는다.
69. 미국에서 2015년과 2017년에 동료 여직원의
음료에 정액을 넣는 '정액 테러' 범죄가 발생한
적이 있다.

아츠 클럽이었고, 그곳은 저녁 5시 이후에 한잔하려면
재킷 차림을 요구하는 곳이었다. 그는 자신을 소개하며,
자기가 뉴올리언스의 어느 뒤뜰에서 열렸던 땅과
인종을 주제로 한 토론회에 나와 함께 참석한 토론자의
룸메이트였다고 슬쩍 알려주었다. 그 뒤뜰에서는 피칸
나무 한 그루가 견과들을 떨구고 있었다. 이 표현[70]을
기억하자. 나는 자연스레 그 견과들을 밟아서 깠고,
기미 같은 무늬가 있는 껍데기에서 알맹이를 꺼내기
시작했다. 먹을 때마다 맛있는 뇌를 먹는 기분이 드는
그 열매를. 서너 명이 수확에 참여했는데, 그중 한 명이
내 밀고자의 룸메이트이자 나의 공동 토론자였다.
우리의 밀고자는 자기 룸메이트가 할렘으로 돌아오며
바로 그 나무에서 딴 피칸 한 자루를 갖고 왔다고
알려주었고—자, 나는 할렘이 더 이상 예전 같은
인종적 의미를 갖고 있지 않다는 것은 안다. 그러니까
내 말은, 여러분이 만일 밀고자가 흑인이라는 사실을
몰랐다면 지금 알라는 것이다. 나야 비록 북부 출신인
혼혈 남성이지만, 그는 같은 흑인이고 남부 출신
여성이었다—나는 그 얘기에 정말이지 만세를 부르며
환호했다. 줍는다는 행위가 원예 정신을 일깨웠다는
뿌듯함 말고도 몇 가지가 더 기뻤기 때문이다.

    나는 약간 자부심을 느끼며 앞서 말한 수확, 앞서
말한 그 땅의 물질적, 영적 풍성함으로 되돌아가는
일에 내가 영감을 주었다는 상상을 하고 있었다.
그러고 보니 그것은 토론의 주제이기도 했다—남부로

---

[70]. 'nut(견과)'에는 속어로
정액이라는 뜻이 있다.

돌아가는 흑인들. 게다가 뉴올리언스에서 채집되어 손가방에 담긴 채 메이슨·딕슨선[71]을 넘은 피칸 봉지는 작지만 중요한 치유제처럼, 그 땅 전역에서 수백 년간 흑인들에게 가해진—여전히 진행 중인—폭력과 공포에 대한 위안처럼 다가왔다.

"얼마나 아름다운지 몰라요." 난 나의 밀고자에게 그렇게 말했던 것 같다. "정말로 사랑스러운 얘기에요." 내가 그런 비슷한 말을 하자 그는 내 쪽으로 몸을 기울이더니 이렇게 말했다. "저에게 피칸은 남부가 내 입안에 사정을 하는 듯한 맛이에요." 그러고 나서 그가 프리 허깅을 실천하고 있다고 하기에 우리는 포옹을 나누었다.

(12월 16일)

---

71. 미국에서 오랫동안 노예가 없는 곳과 있는 곳, 북부와 남부를 나누던 경계선. 펜실베이니아주, 메릴랜드주, 버지니아주를 가르는 선

29. 다시 해

내가 좋아하는 행위가 하나 있다—그건 규칙일까?
법칙일까?—어린이 놀이에서는 흔하고, 내가 며칠 전
길가의 농구 코트에서 어라운드더월드[72]를 하다가도
외쳤던 것이다(그건 연설 행위이기도 하다). 외치고 나니
기뻤는데, 어떤 면에서 어른이 되어 슬픈 이유 중 하나는
이 행위가 가능성보다는 환상으로 느껴지기 때문이다.
그만큼 예외적이라는 말이다. 그 행위의 이름은 '다시
해the do-over'로, 발야구에서 공격수가 아직 신발 끈을
묶고 있는데 누군가 홈을 향해 공을 굴릴 때 튀어나올
수 있는 말이다. 혹은 포스퀘어[73]를 하던 중 상대방이
아직 머리 위로 기러기들이 꽥꽥거리며 브이자 대형으로
날아가는 장면을 감탄하며 보고 있는데 서브를 해도
튀어나올 수 있다. 이럴 때 우리는 으레 "다시 해!"라고
외치고, 자주는 아니지만 이런 저항에 부딪힐 때도
있다—"꿈 깨라고, 이 멍청아! 더 이상 다시 해는
없어!"

(문득 드는 생각인데, 슛을 못 넣을 때마다 반칙을 외쳐대는
몇몇 픽업 농구 선수[74]들이 '다시 해'나 '다시 해 정신'을 활용해
보는 건 어떨까 싶다. 그냥 다시 해 하고 외쳐, 이놈들아, 라고 실제로
말해본 적은 없지만, 해보고 싶다. 다시 해를 남발하는 것은 통치

---

72. 코트 위에 여러 위치를 정해놓고 각 위치에서 슛을
    성공시키며 먼저 한 바퀴 돌면 이기는 농구 게임
73. 가로, 세로 두 칸씩 네 칸으로 나눈 정사각형의
    경기장에 서서 자기 칸으로 오는 공을 다른 칸으로
    쳐내는 게임. 실패하면 밖으로 나가 다시 시작하고,
    나머지는 한 칸씩 이동하며 점수가 높아진다.
74. 즉석에서 원하는 사람끼리 시작하는 농구

질서를 파괴하는 확실한 방법의 하나다. 그건 적나라한 민주주의로 흐르는 경향이 있고, 그 결과 아주 볼만한 경기들이 펼쳐진다. 왜냐, 다시 해를 경기의 통합성을 유지하는 데 쓰기보다는 개개인의 지위를 지키는 데 쓰기 때문이다. 어떤 사람은 그 신호를 존중하길 거부하거나 농구 코트에다 유리병을 깨며 앙갚음을 할지 모른다. 이야말로 픽업 농구의 핵 버튼이며 금기 중 하나다. 이제 다시 해 같은 건 없어, 이 멍청아 하고 대드는 한 가지 방식이랄까. 한 번 그런 일이 있고 나면 은근히 너나없이 모두가 다시 해를 바라게 된다. 심지어 종종 그 병을 깬 사람조차도.)

"다시 해!"는 월볼[75]에서도 쓸 수 있다. 펜실베이니아 레빗타운에서 우리는 그걸 '수어사이드suicide'라 불렀는데, 다른 지역에서는 좀 더 문자 그대로 '애스볼'[76]이라고 한다. 그 놀이에서 여러분이 자기 쪽으로 튀어 온 테니스공이나 고무공을 놓쳤다면, 공 같은 건 보지도 말고 일찌감치 펄쩍 뛰어 벽에다 터그 맥그로처럼 사이드암 채찍질[77]을 해야 한다. 강적이나 팀원, 혹은 친구들이 공을 주워 그것으로 나를 겨누기 전에, 허벅지 뒤나 배의 맨살에다 영영 슬레진저나 윌슨의 상표 자국을 낼 각오로 부딪혀야 한다. 조금 따끔하겠지만 울지는 말자. 이런 생각을 하면 할수록, 자살(수어사이드)에서의 다시 해는 아이들의 놀이에서만큼이나 널리 퍼져 있구나 싶다. 그건 가장 슬픈 종류의 다시 해가 아닐까?

(12월 19일)

---

75. wallball, 비슷한 종류의 게임이 많지만, 기본적으로 벽에 던져 되돌아오는 공을 손으로 받아 다시 던진다. 놓치면 상대방이 주워 자신을 공격하기 전에 빨리 달려가 벽을 짚어야 한다.
76. ass ball, 엉덩이에 공을 던지거나 엉덩이로 벽을 칠 일이 많아 붙은 이름
77. 미국의 전설적인 프로야구 선수 터그 맥그로는 팔을 비틀며 뻗어야 하는 변화구인 스크루볼을 구사했다. 사이드암은 팔을 지면과 거의 평행이 되게 휘두르는 투구 자세로, 채찍이라는 별명을 갖고 있다.

30. 무한함

이 기쁨의 제목은 추상적인 데다 조금 도를 넘어서는
것 같지만 내 생각에는 그럴 만한 가치가 있다. 오늘은
겨울의 첫날이기 때문이다. 연중 낮이 가장 짧은
날이다. 나에게는 이날이 어떤 심오한 날, 내면과
약속을 하는 날로 다가온다. 어둠으로부터 다시 모습을
드러낼 거라는 약속, 다시 돌아오고, 다시 나타나고,
그렇게 무한히 반복할 거라는 약속. 그러다 어느 날
나타나지 않을 텐데, 내 말은 나뿐 아니라 우리 누구나
그렇다는 뜻이다. 어떤 면에서 동지의 축제는 세상의
모든 것이 불확실하다는 것을 인정하고, 우리에게
또 한 번의 봄을 선사해 달라고 신들에게 호소하는
행위다. 신들 입장에서 매번 봄을 선사한다는 건 끝없는
너그러움을 베푸는 일이다.

그러나 내가 이미 어둑해지고 있는 오늘을 주제로
삼은 다른 이유는, 뭐랄까 더할 나위 없이 사랑스러운
뫼비우스의띠 목도리[78], 내 친구 대니가 대바늘 혹은
코바늘로 짜 준(이 무지의 바느질 때문에 기분이 상했을
분들에게는 미안하다) 이 라벤더색 목도리를 기록해 두기
위해서다. 겉보기에는 상대적으로 더 어두운색과
밝은색, 두 가지 털실로 짠 것 같지만 이 둘은 각각 같은
털실의 다른 면일지도 모른다. 내 생각에, 이 기쁨의
일부는 아름답고 사랑스러운 목도리가 만들어지는

---

[78]. 끝을 뫼비우스의띠처럼 연결한 목도리

과정을 잘 모르는 데에서 비롯되는 것 같다. 그러니 이 기쁨은 우리가 종종 사로잡히는 신비롭고 부드러운 감동의 찬사라 할 수 있다.

    또 나는 내 목 주위를 부풀린 이 복장에 기뻐하고 있다. 왜냐하면 그건 나와 남성성이라는 개념 간의 새로운 관계를 나타내기 때문이다. 물려받은 뒤 인생의 상당 기간 물을 주어 텃밭이 되어버린 남성성. 이제는 돌 투성이인 텃밭. 울적함과 고혈압, 전립선의 비애로 이루어진 텃밭. 이 증상들의 일부는 비록 약간이지만 오늘 해가 짧은 탓인지도 모르겠다. 진지하게 말하면 나는 만약 10년 전에 목에 보라색의 부푼 무언가를 둘렀더라면 곧장 다리에서 뛰어내렸을 것이다. 내 말은 그러니까, 꼭 그랬을 거라는 건 아니지만, 무슨 말인지 알 것이다. 예쁜 것에 대해 알 수 없이 몸이 굳는 상태, 거기에 매여있던 이유는 분명 어떤 문화, 여성스러움이나 동성애를 극히 혐오하는 문화 때문이었을 것이다. 물론 내가 종종 긴 머리를 비즈와 함께 가늘게 땋는 건 사실이다. 그러나 그 패션의 정서는 조금 다른 것, 바로 이 귀여운 목도리의 경우처럼 겁을 주지는 않는 다른 영역에 속한다. 가끔 어쩌다 내가 이렇게 되었는지, 내 삶에 어떤 구체적인 계기들이 있었는지 궁금하다―가령 내 손을 붙들고 손톱에 물감을 칠하던 동네 형들, 자신에게는 딸들이 아닌 아들들이 있다며 꾸준히 자랑하셨던 엄마, 내가 농담이라도 하면 내 다리를 세게 쥐어짜며 거북하게

"너 농담하냐?"라고 물어 우발적으로 나를 울리던 아버지—그런 경험들은 축의 기울기에서 아주 작은 각도에 불과할 것이다. 그러나 알다시피, 일단 축이 기울어지면 어떤 각도도 작다고 할 수 없다.

아무리 예쁜 것 앞에서 멍청하고 우울하게 몸이 굳는 순간이 다가온다 해도, 대니가 손으로 짜 준 이 라벤더색 뫼비우스의띠 목도리, 그리고 내가 이 글을 쓰는 동안 그걸 두르고 있다는 사실은 금기 자체를 막아버리는 여러 몸짓 중 작은 하나다. 이 목도리는 변화하고 있는 나의 내면을 부드럽게, 무한히 밖으로 드러낸다. 나는 더 부드러워지고 싶어, 하고 말하고 있는 것이다.

(12월 21일)

31. 영혼

아니, 예수님 얘기는 아니다.

    오늘은 엄마네 아파트 단지에 있는 아담한 지하 헬스장에서 흠뻑 젖어서 냄새를 풍기며 돌아왔다. 신발을 벗어 던진 뒤 샤워도 안 한 채, 사방에 널려 있는 마트 생수 한 병을 챙겨 가죽 소파에 털썩 주저앉았다. 이런 행동은 나에겐 스스로를 어린애 취급하는 방법 중 하나로 느껴지는데, 휴일에는 이런 게 최고다. 우리는 영화를 온디맨드[79]로 보는 법과 채널이 많은 엄마네 TV의 온디맨드 채널에서 보는 법을 파악하느라 애를 쓰고 있었다. 역시 자유란 결코 자유롭지 않다. 보통 이렇게 집에 있을 때면, TV 소리가 너무 크게 틀어져 있어 차츰 신경성 발작이 밀려온다. 볼륨을 줄이거나 꺼달라고 하면 엄마는 기꺼이 받아들이고 그렇게 할 텐데도, 나는 TV 소리를 견디며 원망하는 식으로 자신을 어린애 취급하는 짓을 강화해 왔다. 아마 새벽 1시에 이렇게 안 자고 글을 쓰고 있는 것도 그 때문인 것 같다— 깨어 있는 한 줌의 고요를 소중히 여기면서.

    우리는 영화 〈밀크〉를 찾아 끝없이 펼쳐지는 영화들 속을 비틀대고 있었다. 나는 안 본 영화였고, 엄마는 훌륭한 영화라고 생각해 기꺼이 다시 보고 싶어 했다. 엄마는 숀 펜을 좋아하지만, 언제든 〈미스틱 리버〉[80]가 떠오르면, 정말이지 눈물까지 흘리며 팀

---

79. 주문형 서비스. OTT도 이에 해당한다. 'On Demand'라는 이름의 채널도 있다.
80. 숀 펜이 출연한 2003년 영화

로빈스의 배역에 무슨 일이 일어난 거냐며 한탄할 것이다. 물론 내 생각이고 확실하지는 않은데, 나는 그 영화가 시작된 지 10분도 안 되어 잠들었기 때문이다. 엄마는 내게 진지하게, 문자 그대로 왜 그런 일이 일어난 거냐고 묻고, 그것은 우리가 함께하는 시간을 망친다. 그 질문이 우리 위에 창백한 기운을 드리울 것이고, 엄마는 내가 무슨 끔찍한 일이라도 저지른 양 슬픈 표정으로 쳐다보다가 고개를 저으며 창밖을 내다볼 것이다. 하늘은 갑자기 잿빛에 아주 공허한 느낌이고, 나는 그놈의 영화를 보지도 않은 상태이고. 그래서 엄마가 그런 생각을 하기 시작하면, 식칼을 내려놓다가 극도로 흥분한 젖먹이 손에 나무 숟가락을 대신 쥐여주는 심정으로 엄마의 관심을 돌리려 애쓴다. 아무튼 엄마는 TBS에서 곧 〈사랑과 영혼〉을 시작한다는 사실을 발견했다. "오, 네 아빠가 이 영화를 좋아했는데." 나로서는 다소 놀라운 이야기였다. 자, 우리 아버지는 한심한 영화들, 보통 자동차 추격 신과 폭발 장면이 있는 영화를 좋아했단 말이다. 내가 아는 한 초자연적인 것은 즐기는 사람이 아니었다. 내가 일곱 살 무렵에 아버지랑 나눈 대화가 그 사실을 증명한다. "우리가 죽으면 어떻게 돼요, 아빠?" "벌레들이 널 먹지. 자, 가서 놀아라."

(여담인데, 아마 여러분도 그럴 테지만, 나는 이따금 특정 유명인이나 배우, 프로 운동선수와 닮았다는 소리를 듣는다. 그 비교의 세부 사항이야 여러분의 상상에 맡기고, 한 가지만 예로

들자면, 비록 백인 여성들만 그렇게 보았지만, 머리를 아주 짧게 잘랐던 예전에는 오바마 대통령도 그중 하나였다. 하지만 이 글에서 다룰 닮은 사람은 사람들이 그를 유명인이라고 주장해도 나는 아니라고 할 사람이다. 바로 패트릭 스웨이지를 살해하는 역을 맡은 배우로 필름— 영화—에 길어야 겨우 10초 정도 등장할 뿐이다. 그러나 저지시티 차량관리국의 두 여성에게는 충분한 시간이었나 보다. 내가 주차 위반 족쇄[81]를 푸는 과태료를 내고 나자 서로 무언가 속삭이고 키득거리더니 내게 영화배우냐고 물었다. 램버트빌의 건강식품점에서 주스를 만들어주던 직원도 똑같았다. "영화배우세요?" 그들 모두가 〈사랑과 영혼〉에 나오는 스웨이지를 죽인 살인자, 분명 내 도플갱어인 듯한 그 사람 얘기를 했다. 돌이켜보면 아마 그 점이 나와 아버지의 관계에 모종의 부정적 영향을 미치지 않았나 싶다.)

"내가 일을 마치고 집에 돌아오면 네 아빠가 늘 〈사랑과 영혼〉을 보고 있었단다. 눈물이 얼굴을 타고 흐르곤 했지." 엄마가 그 얘기를 하는 방식, 그러니까 그 문장구조는 마치 그것이 엄마가 일을 끝내고 돌아오던 평일 6시 15분에 아버지가 항상 하고 있던 일이라는 느낌을 준다. 아버지도 늘 늦게까지 일했던 걸 생각하면, 그건 사실이 아니었다. 그러나 어떻게든 그 문장구조, 엄마가 만들어낸 인물이 그것을 사실로 만들고 만다. 영매 우피 골드버그가 자신의 몸을 빌려줄 때 훌쩍이던 아버지…. 그러니까 죽은 패트릭 스웨이지가 데미 무어와 초자연적 재회를 하도록 연결 통로가 되어줄 때 말이다. 에벌리 브러더스[82]의 노래가

---

81. 미국에서 불법 주차한 차 바퀴에 고정하는 장치
82. 에벌리 브러더스The Everly Brothers와 〈사랑과 영혼〉의 주제곡을 부른 라이처스 브러더스The Righteous Brothers는 둘 다 백인 남성 듀오다. 저자가 이 둘을 헷갈리는 척하고 있다.

흘러나올 때 훌쩍이던 아버지. 아니, 라이처스 브러더스 말이다. 희미하게 빛나는 유령 같은 패트릭 스웨이지가 마지막으로 천국이나 어딘가로 되돌아갈 때 훌쩍이던 아버지. 내가 영화 〈사랑과 영혼〉을 살짝 경멸하는 느낌이 든다면, 맞다. 다만 그 사실은 이 글과는 전혀 무관하다. 이 에세이의 주제는 감상적인 영화를 보며 훌쩍이는 우리 아버지니까 말이다. 엄마의 구어체, 엄마에게는 정확한 그 문법적 부정확함, 그 타고난 능력 덕분에 늘 훌쩍이고 있는 우리 아버지가 주제이기 때문이다. 뒤를 돌아보는 아버지의 안경 밑으로 은은히 빛나는 그 아름다운 갈색 피부. 아버지는 가죽 의자에 앉아 어깨너머로 흘끗 돌아보고, 우리가 문으로 들어서자 눈시울을 닦으며 씩 웃는다.

(12월 25일)

32. 노타 베네

오늘 읽고 있던 책의 서문 앞쪽에는 약자 NB로 표시된 글이 있었다. 단어 *he*가 '사람'을 나타내는 보편적인 대명사로서 얼마나 유용하고 무해하며 우아한지를 절반은 옹호하고, 절반은 단호히 주장하는 내용이었다. 있잖나, he, 인류의 한 구성원. 함께 빈둥거리기에는 심히 서투른 존재, 그리고 또 거기에다, 알게 뭐람, 여러분은 이미 무슨 말인지 알 것이다.

　내 옆에 앉아 다른 책을 읽고 있던 스테퍼니에게 물어보았다. NB가 무슨 뜻인지. 그는 노타 베네nota bene는 독자에게 전하는 메모 같은 거라고 했다. 검색해 보니, 혹시나 했는데 역시나 베네는 좋다는 뜻이었다. 좋게 적어라, 잘 적어라, 혹은 주의를 잘 기울여라. 여러분 역시 그 책의 메모를 비웃고 있다면, '좋은 메모'라는 뜻 때문일 것 같다. 그 책에는 해당되지 않는 표현이니까. 2015년에 쓴 책인데, 인구의 절반을 언어로 부정하는 일에 열심이라면 그건 나쁜 메모다. 아마 저자는 자신이 이런 짓을 하고 있다고는 생각하지 못할 테지만, 그의 노타에는 거의 그렇게 써놓은 셈이다. 이런 맥락에서 생각이란 우스운 단어다. 이 사람은 저자이자 사회비평가, 순수 문학가이고 그의 일이란 언어를 다루는 것 아닌가. 언어에 대한 책임을 거의 내버리는 것에 가까운 좋지 않은 노타를 자신의 책에 집어넣을 수도 있는 게 그의 일이다. 그러니까 생각, 그의 노타에는 생각이 부족하다.

보편적인 he가—마술처럼 그의 책에서 모든 가상의 독자와 저자를 남성으로 바꾸어놓으며—만들어내는 남성 중심적 사고, 남성 지배적 사고 혹은 남성 이외에는 지워버리는 사고를 인정하기보다는 그 언어의 마술적 측면을 인정하자. 실제로 언어가 어떻게 상상을 부추기고, 상상이 어떻게 언어를 부추기는지를. 사실 그건 마술 축에도 안 든다—그냥 언어에 뭔가를 강요하기보다는 언어를 떠밀고, 언어와 춤을 추자. 그래서 언어가 대명사들과 젠더들, 잠재적 세계의 다양성을 표현하게 하자. 더 나아가 저자의 사고에 담긴 어려움과 풍성함, 사랑스러움을 담아내고 표현할 수 있도록 그 언어를 활용하자. 그래서 언어로 더 많은 걸 포용하려는 투박하고 서툰 시도가 그 자체로 우아한 일이 되게 하자. 나는 더욱더 노력하라고 강조한다. 더 혁신적으로 생각해 보라는 말이다.

뭐가 기쁨이냐고? 내가 이 메모를 열일곱 살 된 스테퍼니의 딸에게 읽어주었더니, 그 애는 고개를 들고 턱을 뒤로 살짝 끌어당기며 이렇게 말했다. "젠장, 뭐?" 잘 적어둬라(노타 베네).

(12월 26일)

33. "날 사랑해 줘요, 특별한 방식으로"

이 노래는 서너 개의 화음, 서너 개의 꾸밈음이 들어 있는 전주로 시작된다. 뒤이어 나오는 엘 디바지[83]의 노래. "아는가요, 그대가 날 사로잡았다는 걸, 그대의 관능적인 매력으로, 그러나 당신은 무척 두려워하는 듯하죠, 우리가 스쳐 지나갈 때." 이쯤에서 여러분이 나와 세대나 인종이 비슷하다면—내가 말하고 싶은 건 우리 아버지에게 필라델피아 라디오 방송하면 사실상 힙합, 알앤비 채널인 파워99였고, WDAS정도가 보조 채널이었다는 뜻이다—아마 당신도 전율하고 있을 것이다. 만일 여러분이 서 있었다면 무릎에 힘이 풀렸을지 모르는데, 이건 감동에 대한 완벽한 은유이자 내가 조금은 남발해 온 은유다. 그러나 내가 말하는 초점은 여러분의 풀린 무릎과 그 무릎이 스스로를 지탱하도록 땅으로 향하고 있는 여러분의 손 혹은 두 손에 있다. 또 여러분이 앉아 있다면 무언가, 아마 자신의 몸을 두드릴지도 모른다. 굳이 여러분의 사지를 심장 쪽으로 끌어당기지 않더라도, 몸을 두드린다는 것은 심장이라는 것이, 남용된 은유이지만, 꼭 은유인 것만은 아니라는 걸 뚜렷이 보여준다.

이건 아마 한 사람의(나의) 과거에서 이 곡이 놓인 위치와 연관이 있을 것이다. 그리고 더 특별하게는 한 사람의(나의) 성 심리적 역사와 관련이 있을 것이다.

---

83. El DeBarge(1961-), 미국의 가수, 작곡가. 이 글이 다루는 곡 'Love Me in a Special Way'는 그가 1983년에 발표한 곡이다. 가족 그룹 디바지의 일원이기도 했다.

그러니까 내 말은 갈망이 말로 표현하기 힘든 상태가
되어버렸을 때, 한 사람의(나의) 혀가 거의 내내 나와
있고, 코는 미풍에 내맡겨져 있고, 스스로를(나 자신을)
어쩔 수 없이 온갖 소파와 자신이(내가) 다니는 길의
이끼 낀 나무에 문지르고 있었을 때, 이 노래는 일종의
레드카펫이었다는 것이다. 그래서 나에게 이 곡은 성적
갈망의 기원처럼 느껴지고, 적어도 갈망의 거의 정확한
특징들을 불러온다. 나에게 그 갈망은 너무 젊고 거친
데다 압도적이었기에 인디애나의 지하 카페에 앉아
느끼기에는 조금 어색하게 느껴졌다. 내 짐작이지만
그곳을 가득 채운 사람들은 디바지의 이 특별한 곡에
비슷한 감흥이 없어 보였기 때문이다. 물론 내가 틀릴
수도 있다는 것도 안다.

    그러한 느낌은 노래가 하나의 느낌을 넘어
추억으로 작용할 때 밀려드는데, 더 정확히 말하면,
노래가 간직하고 있던 감정들을 전해주는 추억 역할을
할 때다. 그건 실제로 내 안에 신체적 반응, 운이 좋다면
아주 조용한 반응을 일으킨다. 그 동물적 반응은
한 친구가 보스턴 커먼 공원에서 다 벗다시피 한 건장한
사내가 미용체조를 하는 광경을 보고 보인 반응과
다르지 않다. 내가 적당히 모르는 체한 그 반응은 구멍
난 소음기처럼 미묘한 으르렁거림이었다. 즐거움과
배고픔의 중간에 놓인 동물의 소리. 때로는 배고픔
자체가 일종의 즐거움이다. 이 노래는 나로 하여금 가끔
그런 소리를 내게 한다. 이건 농담이 아니다.

게다가 엘 디바지의 아름답고 양성적인
크루닝[84]이 지닌 호소력을 인정할 수밖에 없다.
그의 목소리는 이성을 쫓아다니는 멍청하고
전형적인 서사들(또한 아직 사춘기가 안 된 내 마음에 적절히
먹혀들었던 서사들)을 뒤집는데, 왜냐하면 사랑받기를,
특별하게 사랑받기를 갈구하는 쪽은 엘 디바지이기
때문이다—아, 조금 단정적인 문장이지만, 믿어도
좋다. 그는 사랑을 갈구하는 동시에 살짝 튕기고 있다.
어떻게 그게 가능하지?

    그뿐 아니다. 물론 내가 최근에 어릴 적 이 그룹이
내게 얼마나 중요했는지 이야기하자 디바지 일가가
한 무리의 라이트 브라이트[85]라며 조롱하는 이도
있었지만, 떨리는 일도 있었다—아니, 기뻤다—얼마
전 필라델피아 공항의 보안 검색 줄에 서 있는데,
거기서 일하는 나이 지긋한 직원이 딱히 누구에게 한
말은 아니지만, 나에게는 들릴 정도의 크기로 이렇게
말했다(이건 아직 정식으로 쓰이지는 않는 수사법이다. 물론 넓은
범위에서 욕하고 경멸하는 것과 크게 다르지 않지만). "쟤는 뭐야,
디바지야?"

(1월 6일)

---

84. 부드럽고 감미롭게 나즈막이 부르는 창법
85. 혼혈이라 피부색이 한결 밝은 흑인을 다른 흑인들이 경멸하듯 부르는 말

34. 리사 러브[86]의 '머물러줘'

방금 아주 기분 좋게 식상한 노래가 흘러나왔는데,
여러분이 한때 가장 좋아한 곡일지도 모르겠다.
어릴 적 소시오패스 같던 한 친구가 이 곡을 좋아했다.
그 녀석은 다른 친구 한 명과 함께 우리 부모님이
위층에서 주무시는 동안 우리 집에 몰래 들어와(우리는
속이기 쉬운 상대였다. 열쇠가 우체통에 있었다) 가구의 위치를
바꾸어놓기도 했다. 소파는 벽을 마주보게 해놓고
의자들은 겹겹이 쌓아놓고, 부엌 식탁은 거실로
옮겨놓았다. 그날 밤늦게 내가 여자 친구네 집에서
돌아왔을 때는 녀석들이 완벽한 위장 인테리어 작업을
마친 뒤였다. 난 생각했다. '엄마, 아빠가 제정신이
아니구나.' 그러고는 자러 갔다.

그러나 우리 엄마가 그 바보짓에 짜증을 내며
날 깨웠을 때, 나는 곧바로 이 두 녀석, 가장 친한 친구
둘에 의심이 갔다. 나는 둘 중 덜 소시오패스 같은
쪽에게 전화를 걸어 장난을 좀 쳤다. 간밤에 누가 우리
집 가구 위치를 바꾸어놓는 바람에 우리 엄마가 새벽에
컴컴한 거실에 나왔다가 넘어졌고, 그 바람에 이가
부러졌다고. 이건 전적으로 내 머릿속에서 나왔다고는
할 수 없는 속임수였다. 아버지가 내게 소리를 지를 때
그 아이디어가 떠올랐기 때문이다. "네 엄마 이 하나가
부러질 수도 있었다고!" 왜 이 여러 개가 아니라 딱

---

86. Lisa Loeb(1968~), 미국의
싱어송라이터, 작가, 배우

하나였는지, 난 영원히 알 수 없으리라.
　　소시오패스가 아닌 그 애는 곧장 자기들이
저지른 일이라고 실토하더니 거듭 사과하며 울먹였다.
또 친절하게도 그 소시오패스도 가담했다는 사실을
알려주었다. 그래서 나는 소시오패스에게 전화를
걸어 같은 방식의 덫을 놓았고— 우리 엄마가 넘어져
이가 부러졌고 급하게 치과에 갔다고— 그 녀석은
대충 짜증 난다 정도의 반응을 보였다. 그것이 다음 날
내가 여자 친구와 차를 타고 가다 로드킬을 당한 살찐
주머니쥐를 발견하고 여자 친구에게 그걸 트렁크에 좀
싣게 길가에 차를 대자고 한 이유다. 나는 그 동물을
소시오패스네 집 현관에 갖다 놓았다. 잘은 모르지만
녀석은 집 안에서 비디오를 보고 있는 것 같았다.
귀여운 리사 러브가 거북이 등껍질 테의 멍청해 보이는
안경을 쓰고 넓고 텅 빈 다락에 서 있는 뮤직비디오를.
녀석은 부드럽게 노래를 따라 부르며 리사 러브가
애원하는 동안 또다시 사랑에 빠져 있었다. "너는 내게
순진하다고 했지, 그리고 난 내가 강하다고 생각했어.
난 그렇게 생각했어. 아, 난 떠날 수 있다고 떠날 수
있다고. 아, 하지만 이제 난 알아 내가 틀렸다는 걸.
왜냐하면 네가 보고 싶었어. 아, 네가 그리웠어." 통통
부은 주머니쥐의 텅 빈 눈이 문을 들여다보고 있었고,
게임 끝이었다.

　　　　　　　　　　　　　　　　(1월 8일)

35. 기쁨을 쌓아두는 것

기쁨 프로젝트를 시작한 지 다섯 달이 다 되어간다. 이 기쁨들이 모이고 쌓이면서 나는 자연스럽게 패턴을 깨닫게 되었다. 기쁨들이 내가 그것을 이해할 때까지(혹은 계속 혼란스러울지언정) 작동하고, 펼쳐지고, 천천히 걷거나 비틀거리거나 중얼거리는 방식의 패턴을. 그리고 기쁨들이 만들어지는 과정에 내가 관여하는 방식의 패턴을.

즉, 초반에 나는 기쁨들의 시중을 들며 종일 걷다가 억누를 수 없는 한 순간에 이르면 펜과 노트를 들고 생각해 보려고 자리에 앉았다. 한편으로는 언제부턴가 미래의 데이트를 위해 기쁨의 목록을 만들어 저장하기 시작했다. 기쁨을 쌓는 것은 그 자체로 유용한 활동이자 연습이지만('기쁨 더미', 데니스[87]의 특별한 팬케이크 메뉴의 이름처럼 들린다), **시간적 충실**TEMPORAL ALLEGIANCE이라는 이 책 본래의 목적을 무너뜨리기도 한다. 실제로 좀전의 굵은 글씨로 쓴 위의 문장은 오늘 블루밍턴에 있는 '단 굿 수프Darn Good Soup' 화장실에서 손바닥에 적었다. 테이블에 앉아 맵디매운 소스로 근사하게 차린 렌틸콩 시금치 수프를 먹으며 러네이 글래드먼[88]의 단 굿[89]인 짧은 에세이 모음집 『재난들』을 읽었다.

---

87. Denny's, 미국의 브런치 식당
88. Renee Gladman(1971~), 미국의 시인, 소설가, 에세이 작가
89. darn good, '끝내주게 좋은'이라는 뜻으로 식당 이름을 활용한 말장난이다.

맞다, 기쁨들을 미리 쌓아두는 것은 **시간적 충실**이라는 원래의 목적을 무의미하게 만든다. 방금 대문자로 쓴 단어들은 단 굿 수프의 화장실에서 손바닥에 쓰는 근사한 글쓰기로, 간단히 말해 매일 쓴다는 뜻이다. 그래서 오늘은 나의 짧은 에세이들이 매일 쓰기를 통해 모습을 드러내는 방식, 그를 통해 자신의 기쁨을 목격하고, 매일 자신의 기쁨 안에 있고, 기쁨과 함께하는 연습이 되기도 하는 이런 방식의 유익함과 필요성에 대해 떠올려보고 있다. 그러려면 늘 주위를 살펴야 한다. 또 기쁨이 매일 함께할 것이기에 저장해 둘 필요가 없다는 믿음도 필요하다. 기쁨이 모자랄 일은 없다는 믿음이.

이제 이런 생각에 따라, 나는 일정표를 비우고, 온갖 공책에다 비축해 둔 기쁨들의 석판도 지워버릴까 한다. 보통 글머리 기호로 시작해 휘갈겨 쓴 목록들. 그중 일부가 내 무릎 위에 한 더미 있다. 내 무릎 위에 기쁨들이 잔뜩 쌓여 있는 셈이다. 게다가 이상하게 들리겠지만, 그걸 비워버리는 것 자체도 기쁨 중 하나다.

목록은 대체로 이런 식이다.

좀 전에 브라이언 블랜치필드[90]의 에세이집 『대리인들』을 읽으며 두 시간 동안 적은 경험과 느낌들.

칼리 시스킬[91]의 견해: "thinking과 thanking의 어원 사이에는 연관이 있다. 둘 다 같은 인도·유럽어족 어원인 tung에서 나왔고, 그건

---

90. Brian Blanchfield(1973~), 미국의 시인, 에세이 작가
91. Callie Siskel, 미국의 시인

'느끼다' 또는 '생각하다'라는 뜻이다."

자밀라 우즈[92]의 앨범 〈HEAVN〉, 특히 'LSD'라는 곡. 좋은 노래는 어찌나 내 고개를 바람 속 보트처럼 일렁이게 하는지.

친구 이비 쇼클리는 자신이 가르치는 곳에서 내가 시 낭송을 하고 나자 이렇게 말했다. 내가 내 시 한 편의 전환 부분을 두고 다른 시인이라면 개소리 속임수에 해당될지 모른다고 했는데, 실제로 개소리 속임수라고.

골드러시 품종의 사과들.

표현—내 고향의 것이 아닌 방언 말투(지역색이 있는 것)— "난 나에게 어떤 x를 얻어줄 거야.", 요즘 내가 이따금 쓰는 말이다. 자아의 다양성, 자아의 복잡성에 대한 이해. 스스로를 이상하게 여기기. 나는 나와 같지 않다.

친구 압델의 감탄. 한 학생이 자기 책상에서 압델이 유튜브에서 본 것과 똑같은 방법으로 루빅큐브 맞추는 걸 본 뒤 말했다. "넌 네 무지의 가치를 알 필요가 있어."

엘빈 존스[93]. 존 콜트레인 쿼텟이 프랑스에서 연주한 라이브 녹음에서, 내 귀에 들려오던 그의 솔로 연주. 그 시간 동안 빗방울들이 내 앞의 인도를 두드리며 반짝이고. 빛을 만들어내는 그의 스틱과 손.

인류의 달 착륙에 대한 준 조던[94]의 답변에서 인용. "인류에 대한 식은땀 나는 숭배에 몰입하며 하루를 보내는 대신 자비로운 심연 속에서 신성한

---

92. Jamila Woods(1989~), 미국의 싱어송라이터, 시인
93. Elvin Jones(1927-2004), 미국의 재즈 드러머
94. June Jordan(1936-2002), 미국의 시인, 희곡작가, 에세이 작가

하루를 만들어보는 건 어떨까요?" 자비로운 심연 속에서.

웃을 때 나는 콧바람: 기쁨의 단호한 증거 중 하나.

매기 넬슨[95]의 『블루엣』을 다시 읽으며 기억해 둘 것. 화가 조앤 미첼은 "물감을 고를 때 습관적으로 내구성보다는 선명도로 선택했다— 많은 화가가 알고 있듯, 머지않아 그림에 유감스러운 부식을 일으킬 선택을." (즉, 그는 미술관이 아니라 사람들을 위해 그렸다.)

내 옆에 각목으로 만든 벤치 위, 가까이 붙은 두 개의 옹이가 만들어낸 홍관조(내가 가장 좋아하는 새). 나뭇결로 이루어진 깃털이 바람에 날려 마치 금방이라도 날아오르려는 듯하다.

시인 제럴드 스턴[96]과 함께 찬비가 내리는 길을 따라 걸은 일. 그는 그날 지팡이를 짚고 있었는데, 궂은 날씨에도 여러 차례 멈추어 자신의 주장을 입증하느라 내 팔을 붙들어야 했다.

버지니아 울프의 『자기만의 방』 첫 문장: "하지만 이렇게 물을 수도 있겠네요. 우리는 여성과 소설에 대해 얘기해 달라고 요청했습니다. 그것이 자기만의 방과 무슨 상관이 있는 거죠?"

일단 보관.

(1월 9일)

---

95. Maggie Nelson(1973~), 미국의 작가
96. Gerald Stern(1925~2022), 미국의 시인, 에세이 작가, 교육자

36. 판도라[97]에서 듣는 도니 해서웨이[98]

내 친구 제리코가 이를 가장 잘 표현했는데, 그가
관찰한 바에 따르면 다른 가수들이 노래 'For All
We Know'를 부를 때는 어딘지 과장되고 절실한, 길게
늘인 작업 멘트로 들리는 반면("우리가 아는 모든 건, 우리가
다시는 만나지 못할지도 모른다는 것이기 때문이죠." 즉, 시간은
소중하다는 것, 지금 아니면 없다는 것, 난 비행기를 탈 거야, 너의 그
사람이 일터에서 집으로 돌아오고 있어 등등), 도니 해서웨이가
부르면 죽어가는 것에 대한 노래로 들린다는 것이다.
그 길게 늘인 작업 멘트 뒤에 (희망적으로) 이어질지 모를
작은 죽음들[99] 말고 실제 죽음 말이다. 다시 말하면
머지않아 다가올 우리의 소멸이 그가 탐구하는 주제고,
그의 목소리의 주제다. 이것은 어쩌면 당연한 주제인데,
서서히 사라지고 소멸하는 것은 소리의 핵심적 특징이기
때문이다. 그의 목소리는 세상의 모든 목소리가 우리의
소멸에 관한 노래라는 것, 그것이 우리의 가장 평범한
노래라는 걸 일깨워준다. 그걸 아는 것, 그걸 이해하고
그 안에 존재하는 것이 급진적 사랑의 시작일지 모른다.
나아가 혁신적인 사랑일지도 모른다.

(1월 11일)

---

[97]. Pandora, 미국의 음악 스트리밍 서비스
[98]. Donny Hathaway(1945~1979), 미국의 싱어송라이터, 키보드 연주자
[99]. 오르가슴을 뜻하는 프랑스어 은어 'La petite mort'에서 온 표현

37. "사랑의 달콤함을 퍼뜨리기 위해"

스티비 원더의 'Come Back as a Flower'는
자꾸 귀에 맴돌아도 나쁘지 않은, 그런 노래다.
그의 다소 간과되는 앨범 〈더 시크릿 라이프 오브
플랜츠〉(1979)에 수록된 곡으로, 그 앨범은 한 편의
실험적인 환경 논문이자 딸랑거리는 카시오[100]
음향효과들, 새들의 노래, 졸졸대는 시냇물, 온갖
종류의 즐거운 음향적 연출 효과로 가득하다. 이
앨범이 나오기 전인 1970년대 초반에 스티비 원더는
여러 앨범을 잇달아 발표했는데, 나는 그 시기가
위대한 예술이 활발히 쏟아져 나온, 역사상 첫손에
꼽을만한 위대한 기간이라고 자신 있게 말하고 싶다.
물론 누군가가 그렇게 바보같이 범주화된 무언가를
말할 때면 늘 뭐야, 이 멍청한 놈, 하고 생각하며 귀를
닫아버렸지만. 〈뮤직 오브 마이 마인드〉(1972), 〈토킹
북〉(1972), 〈풀필링니스 퍼스트 피낼리〉(1973), 〈이너
비전스〉(1974), 〈송스 인 더 키 오브 라이프〉(1976).
단언컨대 여러분은 이 음반에 실린 노래들을 안다. 비록
자신이 알고 있다는 사실을 모를지라도.

아무튼 이 곡은 특히나 요즘, 오늘 같은 날,
내내 듣고 있기에 나쁘지 않다. 나는 샌타페이로 가는
경유지인 덴버 공항 안을 걸으며, 온갖 위장복과 사냥
장비에 살짝 분노를 느끼고 있다. 나도 안다, 나도

---
100. 전자 제품이나 악기 등을 생산하는 일본 회사. 이 글에서는 카시오 건반악기 특유의 음색을 말한다.

안다, 그것들이 내가 사는 남부 인디애나주와는 다른 의미를 띨 수도 있다는 것을. 때로는 사냥꾼이 땅의 가장 진실한 집사로 꼽힐 만한 존재라는 사실을 나도 안다. 나의 분노는 십중팔구 임박한 취임식[101] 때문인 것 같다. 엑슨모빌사의 렉스 틸러슨[102]의 청문회가 오늘이다. 스콧 프루잇[103]도 그 무리에 있다. 식물들의 비밀스러운 삶[104]. 플라워 파워[105].

 나는 화를 가라앉히기 위해 공항을 한 바퀴 돌았다. 계단을 오르내리고, 여객 터미널을 빙빙 돌고, 여기저기 친근하게 눈을 맞추었다. 발바닥에서 불이 나도록 걸으며 마음이 집중되고 분산되는 것을 느끼는 동안 나는 내내 스티비 원더의 'Come Back as a Flower'를 듣고 또 들었다. 어느 계단을 오를 때에는 매점 직원들로 보이는 제복 차림의 여성 네 명이 여유롭게 수다를 떠는 모습을 보았다. 내 눈에 그들은 동부 아프리카 출신으로 보였고, 그중 30대로 보이는 한 명이 더 나이 많은 여성(아마 50대나 60대—잘 모르겠지만, 무슨 말인지 알 거다)의 카디건 안에 입은 옷 칼라를 다정하게 매만져주고 있었다. 양손으로 칼라를 카디건 밖으로 빼주려는 것 같았는데, 어쩐지 필요

---
101. 2017년 1월 20일 도널드 트럼프 대통령의 취임식
102. Rex Tillerson(1952~), 미국의 기업인, 정치인. 트럼프 행정부의 국무장관
103. Scott Pruitt(1968~), 미국의 정치인. 트럼프 행정부의 환경보호청장
104. 앞서 말한 스티비 원더 앨범의 제목이자 수록곡 제목. 식물plant의 철자가 공장plant와 같아 렉스 틸러슨의 석유화학 공장들에 대한 풍자로도 읽을 수 있다.
105. 같은 앨범의 수록곡. 1960-1970년대 비폭력 반전운동을 지칭하던 표현. 트럼프나 틸러슨이 이 세대의 정치인들이라 비꼬는 말로도 읽을 수 있다.

이상의 시간을 쓰는 것처럼 보이기도 했다. 한 손으로 칼라를 세워주며, 다른 손은 나이 든 쪽 여성의 어깨에 살짝 올려둔 채, 둘은 서로를 붙잡고, 고개를 끄덕이며 거기 앉아 내내 수다를 떨었다. 계단 끝에 이르러 그들을 지나칠 때, 내 고개는 해바라기처럼 그쪽을 향해 움직였다. 그렇게 나는 이 세상 어디에나 자라나는 사랑, 매일매일 내리쬐는 인간의 빛에 매혹되었다.

(1월 13일)

38. 베이비, 베이비, 베이비

제목만 보고 이번 기쁨은 소울 음악의 대부에 관한 이야기인가 생각했을 수도 있겠지만, 그렇지는 않다. 이건 유전형질이 나와 '같은' 비행기 승무원과 관련이 있는 기쁨이다. 그는 한 차례의 대화 중에 나를 세 번이나 베이비라고 불렀는데, 그러면서 탄산수 한 잔과 프레첼 두 봉지를 주었다. 정규 서비스이든 아니든, 나는 적어도 잠시나마 특별 대우를 받는 듯한 그 느낌을 즐겼다. 베이비, 베이비, 베이비. (거의 모든 특별 대우, 실제든 희망 사항이든, 특히 거기에 인종과 관련된 호의가 담겨 있으면 나는 1980년대 에디 머피[106]의 〈SNL〉[107] 콩트가 떠오른다. 거기에서 그는 얼굴을 하얗게 분장한 채로, 백인의 특권에 대해 내가 아는 최고의 분석을 보여준다.)

나는 그 승무원이 다른 사람도 베이비라 부르는지 알고 싶어 귀를 기울여 보았는데 그렇지는 않은 것 같았다. 슬슬 어쩌면 내가 그의 특별한 베이비일지 모른다는 느낌이 들기에 이렇게 생각하며 자제했다. 어쩌면 우리 모두가 그의 특별한 베이비가 될 수 있을지 모른다고. 그러나 속마음은 아니었다.

그만큼 이 기쁨에는 여러 함정이 있지만, 나는 아는 사이가 아니어도 다정하고 친근한 것(이 자체가 친근하고 가까운 것에 관한 하나의 이론이다)이 좋다. 안에서든 밖에서든, 아니면 호칭이든 지칭이든

---

106. Eddie Murphy(1961~), 미국의 배우, 코미디언
107. 〈Saturday Night Live〉, 미국 NBC의 심야 쇼 프로그램

별칭을 부르는 것을 찬양하는 쪽으로 웅크려 앉고
싶다. 이를테면 나른한 목소리로 나를 혼[108]이라
부르는 웨이트리스처럼 말이다. 5대 5 픽업 농구에서
나를 베이비, 예쁜이, 자기야라고 부르는 팀원도
마찬가지다. 혹은 우리가 81번 주간 고속도로에서
빠져나와 워칠 로드에서 오도 가도 못하게 되었을 때,
아무 이유 없이(사실 그런 게 최고의 이유다) "당신의 영혼에
축복을"이라고 말해준 미국자동차협회 접수원 같은,
그런 멀고도 가까운 친척들이 있다.

 내가 이 글을 쓰고 있고, 우리 비행기가
계류장으로 이동하고 있을 즈음, 좀 전의 그 승무원이
휴대폰 사용과 연초 담배, 전자 담배를 금하는 안내
멘트를 시작했다. 적어도 나를 잠시나마 그의 베이비로,
그 짧은 천상의 순간 동안 그의 유일한 베이비, 베이비,
베이비로 만들어주었던 승무원은 이렇게 멘트를
마무리했다. "여러분에게 사랑한다고 말하는 첫 번째
사람이 되겠습니다. 그럼 아름다운 하루 보내세요."

 다시 말하자면, 슬프게도, 기쁘게도, 우리 모두가
그의 베이비였다.

(1월 15일)

---

108. 허니honey의 줄임말

39. "회개하지 않는 자,
　　　지옥 불에 떨어질지니"

어린 시절 내내 지니고 있던 나의 완고함 중에는,
앞서도 얘기했지만, 예쁜 것에 대한 공공연하고도
열렬한 부정이 있었던 것 같다. 뚜렷한 이유가 있었지만
막연한 이유도 있었을 것이다. 반대로 지금은 인간
동물뿐 아니라 비인간 동물의 특징(바우어새[109] 같은 어떤
사람?)인 여러 옷차림과 장식에도 흥미(기쁨!)를 느끼게
되었다. 발레복 같은 복숭아꽃과 골목 안 이웃집에 있는
탄성을 자아내는 백합은 말할 것도 없다. 나는 우리가
조금만 시간을 들이고 상상력을 발휘해 본다면, 온갖
교류—다시 말하면 협업—에서 그 협업이 효과를 내게
만드는 어떤 종류의 장식이나 예쁨, 귀여움을 알아볼 수
있지 않을까 생각한다.

　　그러니 투손에 있는 스피드웨이 대로변을 걷다가,
저 멀리 한 사람이 부드럽게 일렁이며 미끄러지듯
앞으로 나아가고 있는 모습을 본 내가 느꼈을
기쁨을 상상해 보라. 그건 틀림없이 롤러스케이트의
춤이었다. 롤러블레이드일 수도 있겠다는 생각은
했지만 그쪽은 조금도 흥미가 없었던 게, 우리에게는
더 많은 롤러스케이팅 타락이 필요하기 때문이다.
(일러두자면, 나는 압력에 의해 불이 들어오는 스니커즈나 바퀴가
달려 있어 아이들을 떠다니는 것처럼 보이게 해주는 스니커즈의
열렬한 팬이기도 하다.) 아니나 다를까, 좀 더 가까이 가자

---

[109]. 풀과 나뭇잎으로 화려한 집을
짓거나 장식하는 구애 행동으로
유명한 새

감추려 해도 드러나는 앞바퀴 두 개가 보였고, 내 심장은 두근대기 시작했다. 게다가 우리 스케이터의 스케이트가 보라색에 가까운 타는 듯한 진분홍이라는 사실에 한층 더 두근댔다. (그걸 자홍색이라 부르고 싶지만 내가 틀릴 수도 있다. 심홍색에 가깝다고 해야 할까?)

　　우리의 스케이터는 다리를 앞으로 뒤로 밀며, 그 눈부신 신발로 인도에 기쁨의 파문을 새기고 있었다. 그리고 지평선 너머로 돛단배처럼 미끄러지는 그 모습을 지켜보며 내가 미처 큰 소리로 감사를 전하기도 전에 시내 쪽을 향해 왼쪽으로 방향을 틀었다. 순간 내가 밟고 서 있던 인도의 블록 위에 어느 광신도가 비뚤배뚤한 손 글씨로 **"회개하지 않는 자, 지옥 불에 떨어질지니"** 라고 새겨놓은 것을 발견했다. (내가 새겨들을 말이었다.) 나는 우리의 스케이터가 그의 분홍과 보라색 기쁨으로 광신자의 저주를 살짝 마모시켜 버린 상상을 하며 기뻐했다. 또 하나 살짝 마모된 것은 나였다. 그토록 굳건하게 그를 흠모하고 있었으니. 내 가슴속 모든 왜가리들이 부끄러워하는 기색도 없이 하늘로 푸드덕 날아오르고 있었다.

(1월 19일)

40. 대의에 몸을 던지는 일

행진[110]이 있던 날, 강을 따라 걸어가며 막 트럼프 타워를 지났을 때였다. 타워의 꽤 많은 사람이 우리가 만들어내는 우우 하는 소리와 경멸하는 소리를 듣고 창문으로 포탄을 쏟아붓고 싶은 걸 참고 있는 것 같았다. 그때 우리 일행 중 한 명이 상류에서 남자아이 한 명을 데리고 돌아왔다. 여덟 살이나 아홉 살쯤 되어 보였는데, 엄마와 누나를 잃어버린 상황이었다. 나는 사방으로 보이는 끝없는 블록마다 사람들이 가득한 그곳에 앉아 속으로 생각했다. '오, 아이야, 너 큰일 났구나.' 아마 아이도 정확히 그렇게 생각했을 것이다. 물론 십중팔구는 일인칭으로. '나 큰일 났구나.'

우리는 그 아이에게 가족들이 어떤 옷을 입었는지 물어보았고, 아이는 비교적 자세히 설명했다. "누나는 프라이드 깃발[111]을 들고 있고, 엄마는 '내가 끔찍한 여자다 I'm a Nasty Woman'[112]라고 적힌 티셔츠를 입고 있어요." 나는 아이와 가족들이 서로의 눈에 띌 수 있게 아이를 내 어깨에 목말을 태우기로 했다. 아이는 내 머리에 가볍게 손을 얹었고, 나는 아이의 정강이를 붙든 채 다독이며 눈에 보이지 않는 위쪽을

---

110. 도널드 트럼프 대통령 취임 다음날인 2017년 1월 21일, 워싱턴 D.C를 중심으로 세계 각지에서 진행되었던 여성 행진 Women's March
111. 성소수자들의 자긍심과 연대를 보여주기 위해 내거는 깃발
112. 2016년 미 대선 토론회에서 트럼프가 상대 후보인 힐러리 클린턴에게 '정말 끔찍한 여자(such a nasty woman)'라는 여성 비하적 표현을 쓴 데 대해 항의하는 표어

향해 외쳤다. "걱정하지 마!" 나는 아이가 어마어마한
인파에 몸을 떠는 걸 느낄 수 있었다. 그 모습을 본
한 무리의 엄마들이 어깨 위 아이를 보살피기 위해
내 주위로 모여들었다. 그들은 아이를 올려다보며
말했다. "괜찮을 거야." "우리가 엄마를 찾아줄 테니까
걱정하지 마." "안아줄까?" 하지만 그 어떤 말도 이
아이의 울음을 막을 수는 없었다. 아이는 우리가 얼마나
많은 엄마들인지, 자신이 이 엄청난 수의 엄마들 속에서
얼마나 작은 존재인지를 깨달은 것 같았다. 그럼에도
엄마들은 자발적으로 **"아이의 엄마를 찾아라! 아이의
엄마를 찾아라!"** 라는 구호를 외쳤고, 그러자 마침내
아이의 엄마가 나타났다. "저기 있다!" 모두가 이 모자의
재회에 눈물을 흘렸다. 아이는 내 어깨에서 뛰어내려
엄마 품에 안겼고, 둘은 한동안 서로를 끌어안고
있었다. 아이는 두 팔과 다리로 엄마를 감싸고, 엄마는
아이의 뒤통수에 손을 얹고, 둘의 얼굴이 서로의 어깨에
파묻혀 있었다. 우리가 늘 그렇게 하듯이.

(1월 21일)

41. 나의 게으름에 대한 보상 중에는…

…뒷마당에 나무가 있다. 그걸 벤 것은 나무가
거의 죽은데다가 아스팔트 싱글로 된 지붕을 뚫기
직전이었고, 더 시급하게는 이웃집 것도 뚫기
직전이었기 때문이다. (내 손으로 나무를 베었다면 추모하는
의식을 갖자. 그것은 무언가의 집이니까. 죽은 나무든 아니든) 거의
석 달 보름이 지났는데도 그 나무는 여전히 뒷마당의
상당 부분에 널브러져 있다. 100여 조각은 될 텐데,
작은 통나무와 꽤 굵은 통나무들이 검은 호두나무 옆에
아주 쌩쌩하게, 무더기로 던져져 있다. 기초에 금이
가 서서히 뒤틀리며 분해되고 있는 차고라 부르기에도
민망한 건물이 있는데, 거기에도 대략 캐딜락
에스컬레이드 한 대쯤 되는 땔나무 더미를 기대어
놓았다.

    가끔은 그 땔나무 더미와 통나무 때문에 나조차도
쓰레기가 된 기분이 들었다. 스테퍼니가 뭔가 바라는
듯 그 마당을 내다볼 때면 더욱 그랬던 것 같다. 내
짐작에 스테퍼니는 그곳이 정원이던 때를 회상하는
것 같았다. 엄마는 말할 것도 없다. 내가 인디애나주
블루밍턴의 이 집을 처음 얻었을 때, 엄마는 어떤
암묵적 지식(1970년대 초에 흑인 남편과 갈색 피부를 가진
자녀들을 두었던 사람의 지식)에서 비롯되었다고 밖에 볼 수
없는 두려움을 느꼈다. 형과 삼촌더러 나를 좀 설득해

이웃들이 우리 집에 불을 지르지 않게 풀을 좀 베게
하라고 당부했던 것이다. (이 점에 대해 확실히 알려두자면,
나는 사실 위험할 이유가 없었다. 물론 우리 옆으로 세 번째 집 창문에
남부 연합 깃발들이 걸려 있긴 하다. 그러나 여러분은 그 사람네
마당을 봐야 한다. 더불어 영화 〈펄이라는 이름의 남자A Man Named
Pearl〉[113]를 안 봤다면 꼭 봐라.)

어쨌든 정반대의 정서를 가졌음에도 나는
스테퍼니나 엄마의 걱정을 충분히 이해했다. 그래서
조만간 도끼와 목재 분쇄기를 구해 그 나무들을 질 좋은
흙이 될 부스러기로 만들면 된다고 긍정적으로 생각해
보곤 했다.

그런데 오늘, 난로에 넣을 나무를 가지러
뒷마당으로 나와 그 난장판을 지나치다가 여태껏
들어본 것 중 가장 소란스러운 놀이터 소음 같은 게 그
덤불에서 뿜어져 나오는 걸 들었다. 가만히 다가가 안을
들여다보니 그 거대한 임시 둥지에서 거의 100마리는
될 법한 새들이 사방으로 뛰어다니고 있었다. 그곳이
없었다면 나로선 결코 들어보지 못했을 노래를 다 함께
부르고 있었다. 나는 잡동사니를 더 모아놓을 걸 그랬나
하는 생각으로 멍하니, 기쁨에 사로잡혀 있었다.

(2월 1일)

---

113. 흑인은 정원을 잘 가꾸지 않는다는
편견에 도전해 온갖 기상천외한
모양의 나무들로 훌륭한 정원을
가꾼 펄이라는 흑인 남성에 관한
2006년도 다큐멘터리 영화

42. 심술 난 고양이는 아닌

단순한 관찰은 기쁨이 될 자격이 있는 것처럼 보이지 않겠지만, 가끔은 그저 관찰하는 것만으로도 기쁘다. 비록 내가 이 글에서 하고 있는 관찰은 예외지만. 지난주쯤 나는 내내 왼쪽 앞주머니에 뭔가를 넣고 다녔는데, 그 때문에 아마 엉덩이의 굴근이나 대퇴골, 혹은 근처에 있는 똑같이 중요하고 부드러운 기관들에 약간 소모성 질환이 생긴 것 같다. 그건 바로 《뉴욕타임스》에 나온 마이크 펜스, 미치 매코널, 닐 고서치[114]의 작은 사진이었다. 이 은발의 백인 남성 셋은—분명 아, 옛날이여 싶은 기분이 들었을 것이다— 사진을 찍기 위해 다들 자세를 잡고 미소를 지었겠지만, 나는 이들이 사실은 찌푸리고 있다는 것을 곧바로 알아챘다. 그들의 미소는 곧 찌푸림이었다는 말이다.

'심술 난 고양이'라는 밈meme이 있는데(귀엽다. 비록 인기 면에서 존 멜런캠프[115]를 제친 블루밍턴의 지역주민, 고양이 릴 버브보다는 덜 귀엽지만), 이 고양이는 내내 과장되게 찌푸린 표정을 하고 있다. 이 남성들은 그 정도까지는 아니지만, 매코널의 얼굴을 보면 작업용 고정 장치에 성기가 끼어버린 사람의 얼굴 그 자체다. 아니면 방금 작은 앵무새를 먹어버린 고양이, 즉 뭐랄까 궁지에 빠진 심술 난 고양이상이다. 다른 아리아인들[116]의 얼굴은 그냥 미소 혹은 찌푸림이지만, 매코널의 얼굴은 겁에

---

[114]. 이 글을 쓴 당시 각각 미국의 부통령, 연방 상원의원, 연방 대법원 대법관

[115]. John Mellencamp(1951~), 미국의 싱어송라이터. 블루밍턴에서 살고 있다.

질린 미소 혹은 찌푸림이라 부르는 것이 어울린다.
이제 내가 내심 하고 싶은 일이 무엇인지 짐작이 갈
것이다. 미소 혹은 찌푸림에 해당하는 나머지 둘의
의미를 해석하는 것. 나는 모종의 의미를 부여하고 싶어
몸이 근질근질한데, 그건 쉬우면서도 다분히 사색적인
운동으로, 내가 실제로 꽤 잘하는 일이기 때문이다.
감각적인 것과 편집증 사이의 경계 구역에서 맴도는
일. 그러나 나는 꾹 참고(매코널의 얼굴만은 참을 수 없었다)
조용하게 무언가를 알아차리는 일, 관찰의 기쁨으로
돌아가고 싶다. 다만 이 경우에는 불쾌하게도, 이
남성들이 미소 지을 때면 찌푸린다는 걸 알아채버린
것이다.

(2월 6일)

---

116. 20세기 초 홀로코스트 때 나치가
게르만족의 우월성을 내세우려고
왜곡해 사용한 용어로 여기서는
백인 남성에 대한 풍자적 표현

43. 좀 멍청한 헛소리

벗들이여, 누구나 가끔 멍청한 헛소리를 한다. 어떤 부적절한 헛소리를. 그러나 그 누구도 내가 읽은 인용문에 비길 수는 없을 거라 장담하는데, 토머스 제퍼슨[117]이 했다는 그 말은 엠버시 스위츠 호텔의 엘리베이터 문 안쪽에 붙어 있었다. "태양은 50년째 침대에 누운 나를 본 적이 없다." 읽자마자 왠지 호텔을 위한 광고 캠페인으로는 다소 의구심이 드는 문구라는 생각이 들었고, 그래서 재미있기도 했다.

더할 나위 없이 기뻤던 점은, 그건 다시 말해, 지금 말하면서도 기쁘다는 얘기인데, 자신을 극찬하는 토머스 제퍼슨을 다시 한번 극찬하는 이 엘리베이터가 아프리카계 미국 시인 두 사람을 만나게 해주었다는 사실(나는 친구 크리스털 윌리엄스[118]를 만나러 가는 중이었다)이었다. 그건 이 위대한 미국인(나 말고 제퍼슨)으로서는 상상도 못 할 일이었을 것이다. 아프리카계 미국인 시인들 말이다.

아, 나는 제퍼슨의 답답하기 그지없는 문장 속으로 아직 들어가지도 않았다. 그 문장은 다른 걸 떠나 삶의 진정한 기쁨을 외면하고 있다. 태양의 따스한 손길이 블라인드 틈으로 들어와 우리 몸을 부드럽게 쓰다듬는 동안, 침대에 누운 채 주위를 둘러보거나 꿈의 안팎을 떠다니는 기쁨. 아니면 누군가의 손(혹은 자신의 손)이

---

117. Thomas Jefferson(1743~1826), 미국의 제3대 대통령
118. Crystal Williams(1970~), 미국의 시인이자 로드아일랜드 디자인 스쿨 학장

아주 천천히(혹은 빠르게) 우리의 몸 위로(혹은 몸 안으로) 움직일 때, 우리 혹은 우리의 친구(들)가 만들어낸 젖은 웅덩이들 속으로 흘러가는 구름들. 신성한 낮잠은 말할 것도 없고!

    그러나 제퍼슨의 이 문장은 그가 책상 앞에 앉아 있는 모습을 상상해 볼 때 특히나 더 멍청하고 무자비하게 빛을 발한다. 자신의 거실에서 떠오르는 태양을 마주한 채, 자신이 만들지도 따르지도 않은 차를 마시고, 자신이 굽지도 접시에 올리지도 않은 크럼핏[119]을 먹고, 자신이 채우지 않은 잉크병에 깃펜을 적시며 이런저런 힘찬 주장을 긁적이고 있는 모습. 그건 그에게 600명의 수행원이 있었고, 아마 그들 대부분이 더 일찍부터 일하고 있었기에 가능했을 것이다.

(2월 13일)

---

119. 작고 두툼한 영국식 팬케이크

44. 우선…

…잉그리드네 마당에 내려앉았던 공작 한 마리,
그 긴 목의 색을 어두운 청록이라 부를 수도 있겠지만,
그것은 다소 아쉬운 요약인 게, 오묘한 깃털이
그 색을 완전히 다른 빛깔로 바꿔놓으며 우리에게 모든
색이란 빛의 한 가지 모습, 빛에 대한 하나의 해석임을
일깨우기 때문이다. 그 혼동은 긴 꼬리에서 하늘을
향해 나 있는 얇은 반투명 눈동자 무늬에서 반복되거나
더 심해진다. 그 사진을 나와 공유하려는 잉그리드의
욕망이란. 아프가니스탄 식당인 사미라에서 뷔페
코너로 걸어가는 내 팔꿈치를 당기다시피 하며 이것 좀
보라고 그 화면 속 화려한 목을 검지와 엄지를 이용해
확대하고, 들여다보며 미소 짓고, 그걸 보며 미소 짓는
나를 보곤 미소 짓고, 나도 그가 들여다보는 걸 보며
미소 짓고. 그런 걸 우리는 간단히, 좋아하는 무언가를
나눈다고, 우리가 발견한 아름다움을 나눈다고 부른다.
그것은 하나의 윤리다.

(2월 19일)

45. 미묘한 젠트리피케이션: 금 삽니다

여러분은 그걸 미묘한 차별이라 부를지도 모르겠다.
아니면 뚜렷한 차별. 한 1년 전쯤인가 좋아하는 카페
한 곳의 바깥쪽 현관 계단 끄트머리에 앉아 있었는데,
그 카페는 한 전당포와 현관 계단을 같이 쓰고 있었다.
그러니까, 상호는 잊어버렸지만, 내가 앉은 자리는
그 전당포 앞이나 옆이기도 했던 것이다. 어쨌든 내가
그 자리에 앉아 차양 밑으로 스미는 햇살을 받으며
행복감에 젖어 있는데, 그러니까 눈을 감고, 무릎에
작은 커피 한 잔을 올려놓고, 비타민 D로 목욕하며
내 면역력을 다시 채우고 있는 와중에 전당포 직원 한
명이 평온을 깨며 이러는 것이었다. "이봐요 친구, 나야
괜찮지만 우리 손님 중에 겁을 낼 사람이 있을까 봐 좀
그러네. 그러니 자리를 옮겨달라고 부탁을 좀 해야 할
것 같소." 내 머리 위의 창문에 '**금 삽니다**'라고 쓰인
분홍 네온사인이 깜빡이고 있었다고 말했던가?

    아무튼 얼마 전 같은 카페를 나서는데 그때의
실랑이가 떠올랐다. 이제 카페는 옆에 있던 '**금 삽니다**'
가게 자리까지 확장했고, 나는 1년 전 좀 비켜달라는
얘기를 들었던 현관을 바라보았다. 더 이상 그들의
현관이 아닌 그곳을.

(2월 22일)

46. 소금 일기

오늘 아침에는 공항 검색대를 통과하는데, 거대한 엑스레이 기기 앞의 젊은 직원이 내게 들어오라며 손짓했다. 그는 적절히 즐기는 듯한 태도로 내 양말과 내 앞에 있는 사람의 양말을 관찰했고, 내 정탐 기술로 판단하건대 아마 근무시간 내내 많은 사람의 양말을 관찰한 것 같았다. 그는 내 양말의 꽃무늬를 보며 "발에 장미가 있네요"라고 말한 뒤, 혹시 뭔가 있는지, 내 다른 부위를 손으로 더 확인해야 하는지 보려고 스크린 쪽으로 돌아섰다. "양말 위의 장미, 발 위의 장미"라는 농담을 주문외듯 중얼거리는 데서 그의 수줍음이 드러났다. 나는 비디오게임처럼 보이는 내 영상의 사타구니 부위에 불이 들어온 것을 어깨너머로 보았다.

    그는 나를 방이어야 하는 곳으로 데려갔는데, 투명 아크릴로 된 엄연한 방이었지만 언뜻 보아 시야를 방해하는 거라곤 아무것도 없었다. 그러니까 사생활 보호 장치 말이다. 금욕주의자처럼 표현하자면, 어쩌면 그건 곧 이어질 조사가 열망해 온 것인지도 몰랐다. 투명 아크릴 방은 우주선 같은 엑스레이실 바로 바깥쪽으로, 펜을 들고 몸수색을 하는 곳에서 걸으면 금방 닿는 곳이라, 마치 손으로 뭐라도 하는 것처럼 보일 그 상황을 더욱 공공연하게 보여줄 뿐이었다.

그는 말을 더듬으며 애매하게, 눈으로 힌트도
주지 않은 채 자신의 의무를 다했다. 그건 이상한
종류의 합의였다—저는 장갑을 낀 손등으로 당신을
만져볼 거라는 데 합의하고 있습니다— 그는 양손을
나를 향해 치켜들고, "바지 안쪽 솔기를 따라 죽 올라갈
겁니다"라고 말했다. 그러는 동안 손바닥을 자기 쪽으로
향하게 하고 있었는데, 그 동작은 마치 그 마사지의
순수한 효과인 친근한 거리감을 구체적으로 보여주는
듯했다.

    나를 만지며 그는 내게 어디로 가는 길이냐고
물었다. 내가 시러큐스에 시를 낭독하러 간다고 하자,
그는 무릎을 꿇고 일을 하다 나를 올려다보더니 무척
흥미가 있다는 듯, 그러나 살짝 어리둥절해하며 말했다.
"비행기로 이곳저곳 불려 다니는 걸 보면 실력이 정말
좋으신가 보네요!" 우리가 일을 마쳤을 때—마쳤을
거라고 생각한다—나는 내심 자존감이 높아졌다. 이제
그는 손 위로 긋는 탐지봉이 있는 곳으로 나를 데려가
내 손바닥 전체에 문질렀다. 그런 다음, 그들 말로는
폭발물을 탐지한다지만 분명 미래의 복제를 위해 DNA를
수집하는 것이 분명한 기계 안에다 꽂았다. 그는 자신의
어머니가 자기를 데리고 그의 시를 봐줄 만한 사람에게
갔었다는 이야기를 해주었고, 그 이야기는 이미
가까워진 우리를 한결 더 가깝게 만들어주었다. 그는 긴
행과 짧은 행, 몇몇 끊어진 행에 대해서도 얘기했는데,
솔직히 인정하자면 그 모든 걸 건성으로 들을 수밖에

없었다. 시간이 촉박해 거듭 시간을 확인하며 탑승 안내에 귀를 기울이고 있었기 때문이다.

"저야 전혀 믿지 않지만, 믿는 사람들이 있다는 건 알죠." 그가 마침내 나를 놓아주며 말했고, 나는 웃으며 고개를 끄덕였다. 그러고는 탑승구를 향해 뛰어가는데 그가 동료에게 말하는 소리가 들렸다. "이봐, 마이크, 저 사람 시러큐스로 손금 봐주러[120] 가는 중이래."

(3월 1일)

---

[120]. 두 사람은 비슷한 발음 때문에 '손금을 읽다(reading palms)'와 '시를 낭독하다(reading poems)'를 서로 잘못 알아들었다. 손금(line)도 시행(line)으로 오해했다.

47. 열차의 존엄성

내가 앰트랙Amtrak 열차들, 시러큐스에서 맨해튼으로
가기 위해 타고 있는 이런 열차에서 알게 된 사실은
사람들이 꽤 긴 시간 가방을 둔 채로 자리를 비운다는
것이다. 아마도 화장실에 가려고 칸의 끄트머리로
가거나 가끔은 기차의 가장 끝에 있는, 전자레인지용
치즈처럼 역한 냄새가 나는 카페에 가는 것 같다. 통로
건너편에서 한 줄 앞자리에 앉은 한 이웃은 꼬박 20분째
자리를 비웠는데, 가방이 훤히 열려있어 노트북이 밖을
내다보고 있다. 물론 일부러 지켜보고 있었던 것은
아니다. 이런 것은 기차가 과시하는 보안, 다른 말로
신뢰라고 알려진 것을 생각하면 특별한 일이 아니다.
거의 모두가 이 신뢰의 실천에 참여하고 있고, 심지어
"화장실에 다녀오는 동안 짐 좀 봐주실" 통로 반대편
이웃 한 명조차 골라두지 않는다. 이것은 커피숍
현상으로 보인다. 커피숍 옆 사람은 신뢰하지만 줄을 선
옆 사람은 믿지 않는 현상.

    내 생각에, 열차가 지정석인 걸 감안하면, 특히
만석일 경우, 사람들은 일종의 현장 감시 체계가 작동할
거라고 추측하는지도 모른다. 물론 오늘 아침에는
이 감시 체계가 조금 의심스러웠다. 난생처음 내
귀중품들을 보란 듯이 두고 자리를 비웠기 때문이다.
내 랩톱과 휴대폰은 스웨트 셔츠와 목도리 위에서

번쩍이고 있었다. 승객 대부분이 자고 있어 목격자에 의한 도난 억제 효과가 있다 해도 거의 작동하지 않을 것 같았다.

    사람들이 서로에게 나쁜 짓을 하지 않는 게 어떻게 가능한지 이론화하며 시간을 보낼 수도 있겠지만, 그건 핵심이 아닐 것이다. 핵심은 조금만 관심을 갖고 본다면 우리의 삶, 우리의 사회적 삶에서 거의 매 순간 우리가 미미하게나마 지속적인 돌봄을 받고 있다는 사실이다. 열린 문을 잡아주는 행동. 횡단보도에서 거동이 불편한 이에게 팔을 내어주는 행동. 누군가를 먼저 보내주는 행동. 무거운 가방을 같이 들어주는 행동. 높이 있는 걸 내려주거나 떨어진 걸 집어주는 행동. 누군가를 일으켜 세워주는 행동. 자동차 사고가 난 현장이나 차에 치인 개 앞에 멈춰 서는 행동. 차선이 줄어드는 도로에서 교대로 한 대씩 들어가는 암묵적인 예절. 이런 돌봄이야말로 우리의 본바탕이 아닐까. 우리에게 그와 다르게 행동하거나 믿으라고 설득하는 것은 언제나 거짓이다. 언제나.

                                                         (3월 2일)

48. 새 모이 주기

오늘은 워싱턴 스퀘어 공원을 걷고 있었다. 두툼히
껴입고 가길 잘했던 게, 오늘만큼은 계절에 걸맞게
날씨가 추웠다. 한 시간 후에 다시 오라고 한 도사[121]
장수와 짧은 대화를 나눈 뒤, 나는 내 쪽을 등진 채
머리에 비둘기 한 마리를 얹은 사람을 발견했다. 살짝
놀라 좀 더 다가가 보니 그가 정말로 비둘기 한 마리를
어깨 위에 올려두고 있었다. 더 가까이 가자 비둘기가
그 미끄러운 노스페이스 횃대 위에서 전혀 흔들림 없이
그의 귀에 뭔가를 속삭이는 모습이 보였다. 그래서
더 가까이 가자—맞다, 그런 걸 얼빠진 듯 본다고
한다—그 사람은 그저 모이를 주는 중이었다. 새는
남자가 분명 자기 얼굴 아주 가까이 들고 있었을
손안으로 부리를 들이밀고 있었다. 그 모습은 어딘지
낭만적일뿐더러 그 새가 경험했을 최초의 모이 주기를
떠올리게 했다. 지저귀며 벌린 작은 입안으로 씹은
먹이를 넣어주는 어미 새, 하긴 그것이 결국 최초의
낭만적 사랑이다. 남자와 새의 모습은 여러 가지를
떠올리게 했는데, 나는 지금 이 글을 쓰며 깨닫고
있다. 어떤 면에서 그 둘은 춤을 추는 것처럼 보였다는
사실을. 느릿한 춤, 이리저리 흔들며, 반원형으로 놓인
주변 벤치에 앉은 한 무리의 공원 생활자들은 신경 쓰지
않는 춤. 거의 눈에 띄지 않는 원을 그리고, 햇볕을

---

121. 쌀과 콩을 갈아 만든 반죽을 얇게
부친 인도 음식

즐기며.

　　세상에라고 생각하며 나는 5번가로 나가는 거대한 아치형 문을 지났다. 세상에, 여러분은 누군가가 비둘기와 느릿하게 춤추는 모습을 본 적이 있는지! 뒤이어 30초나 지났을까. 내가 나의 행운에 키득거리며 8번가를 향해 걷고 있는데, 도가머리박새 한 마리가 내 머리를 스치더니 연철로 된 문 위에 내려앉았다. 그걸 본 행인 한 명이 나를 앞질러 갔고, 금방 자신의 멋진 재킷 주머니에서 과자 부스러기 한 봉지를 꺼냈다. 새는 곧장 그 여자의 손으로 뛰어들어 맛있는 과자들을 파고들며 간간이 자신의 새로운 친구를 향해 재잘거렸다. 그 새와 여자 둘 다 자신들을 얼빠진 듯 바라보고 있는 내게 고개를 끄덕였는데, 나의 당황한 모습에 미소를 지으며 이렇게 말하는 것 같았다. '우리는 어디에나 있답니다.'

(3월 3일)

49. 미드센추리[122] 잔에 담긴 콤부차

이것은 여간 기쁜 일이 아니다. 이 기쁨이 예전 같으면
내 안에 어떤 엉뚱한 거부감을 유발했을지 모른다는 것.
또 내가 이 기쁨을 두고 어린 시절 위태로웠던
엄마와 아빠의 경제적 지위를 탓했을 거라는 것.
그럴 때 내가 탓하는 건 부모님이 아니라 시스템이다.
누군가의 위태로움을 즐기고 필요로 하는 시스템.
그를 통해 미국의 대통령과 그를 망치는 부유층들이
여러 개의 섬과 첨단 의료 서비스를 살 수 있는 시스템.
내가 나 자신의 경우를 포함해 안락함이라는 것에
대해 혼란스러워하고, 분노하고, 죄책감을 느끼는 데
일조한 시스템. 다행히 내 경우 훌륭한 심리치료사가
이 모든 얽힌 감정을 풀 수 있도록 도와주고 있다. 내가
그를 신뢰하는 이유 중 하나는 이런 이야기를 해주기
때문이다. "이 행성에서 우리 삶의 본질은 순수한
사랑을 알아가는 것입니다." 그건 식은 죽 먹기다.

　내 안의 즐거움, 혹은 기쁨을 자극하는 모든
것은(티셔츠 문구 아이디어: **기쁨을 자극하라! 혹은
기쁨을 자각하라!**INCITE DELIGHT! Or, INSIGHT DELIGHT!)
동시에 내 안의 자기혐오와 메스꺼움, 죄책감도
불러일으킬 수 있다. 그거야말로 터무니없을 만큼
대학원스럽고 교과서적이며 심리적인 바보스러움이다.
하기야 원래 나쁜 감정이란 돌이켜보면 그저 헛웃음만

---

122. Mid-century Modern,
1940년대에서 1960년대까지
미국과 유럽을 중심으로 유행한
생활양식이자 디자인 운동

나오는 경향이 있지만. 이를테면 이런 식이다. "그까짓 일에 죽어버리겠다고? 오 이런, 괜찮아, 진정해."

아 맙소사, 그럼에도 내가 모든 심리적 장애물을 제거하고 여러분에게 얘기하고 싶은 것, 나누고 싶은 것은 이것이다. 어젯밤 내가 홈메이드 콤부차를 마시며 소파에 앉아 있었을 때, 그 잔이 미드센추리 스타일, 아마도 1950년대 스타일의 물잔이었고, 종이컵 한 잔 정도의 부피에, 연한 파란색 꽃무늬가 있었다는 것. 나는 그 시대, 즉 1950년대, 그리 좋지만은 않았던 옛 시절[123]의 미학에 융화되어 친밀감이 커지는 나의 모습에 의문을 품었다. 내가 깨달은 의문점이란 실제로 뒷마당에 장군풀이 자라던 영스타운의 우리 아버지네 집, 그 탁월한 미드센추리 집을 기억할 때, 백인다움을 중심에 놓는다는 사실이었다. 버터 아주머니네 집의 경우에도 별반 다르지 않았다. 나는 이 기쁨이 나의 고통을 이렇게나 환하게 밝혀줄 줄은 예상하지 못했다.

아무튼 콤부차는 딱 알맞은 수준의 당도와 탄산을 지니고 있었다―그것이 밑으로 내려가자 내 배속 1조에 달하는 식물군이 바람을 피우는 걸 느낄 수 있었다. 게다가 잔은 적당히 작아 자제를 권하는 동시에 다시 채우는 기쁨을 고조시켰다. 중요해서 적어둘 만한, 용기의 크기와 반비례하는 기쁨 말이다. 이것은 왜 내가 머스커딘 와인, 유일하게 좋아하는 그 와인과 어떤 상황에든 무난하게 잘 맞는 '컨트리 와인'을 마실 때, 어느 정도 작은 잔, 종이컵보다 작은 잔을 원하는지를

---

123. 1950년대는 흑인 인권운동이 시작된 시대이자 여전히 인종차별이 노골적이던 시대다.

설명해 준다. 더 이상적인 것은 겉면에 꽃무늬가 새겨져 있어 손으로 쓰다듬으면 느껴지는 잔이다. 안에 든 발효된 만병통치약은 어쨌든 잔을 쥘 때의 인간적 측면, 그러니까 수제품이라는 측면 때문에 배로 고귀해진다.

(3월 6일)

50. 히커리

오늘은 친구 마이클을 만났는데, 시에서 공동체 과수원에게 키우며 감독해 달라고 요청한 견과류 숲에 심을 수종을 모아볼 계획이었다. 헤이즐넛, 피칸, 부아트넛(하트넛과 버터넛의 교배종), 히커리. "히커리들이 첫 열매를 맺기 시작하려면 얼마나 걸리지?" 나의 질문에 마이클은 이렇게 대답했다. "음, 한 200년에서 250년 뒤면 수확량이 최대에 이를 거야."

(3월 7일)

51. 더 이상 짜증 나지 않는

나는 오늘 한 아프가니스탄 음식점에서 내 짜증의 저수지 속에 생긴 부글거림을 확인했다. 사람들이 뷔페에서 반대 방향으로 돌며 음식을 담고 있다는 사실을 깨달았고, 그건 짜증이 솟구치는 일, 뭐랄까 지독한 무례함, 우리가 비참한 무법의 상태로 곤두박질치기 직전이라는 표식이었다. 그나마 기쁜 사실은 내가 이제 그 짜증을 빠르게 분간할 수 있게 되어 그 옆구리를 쿡 찔렀고(내가 은유를 뒤섞었다. 여러분은 얼마나 짜증 날까), 그래서 거꾸로 돌고 있는 줄로 슬쩍 건너갔고, 어쨌든 우리 모두가 무사히 원하는 음식을 그릇에 담았다는 점이다. 이건 스테퍼니가 요리하며 가스레인지 위의 등을 안 켜거나 자기 침실의 불을 켜놓거나 캐비닛과 옷장 문들을 활짝 열어놓았을 때, 혹은 온갖 용기의 마개를 대충 닫아놓았을 때에도 마찬가지다. 짜증은 이 모든 행동을 소시오패스의 뚜렷한 증거 혹은 굉장히 허술하다는 증거로 여긴다. 심각한 문제로 본다. 그러나 어쨌든 이런 일로 누가 죽는 일도 없고 다치는 일도 없다. 그저 나의 작고 슬픈 짜증 괴물만 괴로울 뿐이다. 분명히 말해두자면, 그는 절대 웃지 않고, 언제나 나비넥타이를 비뚤게 매고 있다.

짜증은 항상 짜증난 상태에서 비롯된다고 말하면

여러분의 격을 떨어뜨리는 것 같고, 그래서 내가 짜증에
인격을 부여해 내 몸 안에 살게 한 것이다.
아마 녀석에게 불을 지피는 건 응답받지 못한 감정,
자제력을 잃은 감정일 것이다. 또 가끔은 탈수나 허기,
수면 부족일 것이다. 불쌍한 녀석.

    두 번째 기쁨은 내가 당시 열다섯 살이었던
스테퍼니의 딸 조지아와 그 애의 친구에게서 배운
가르침이다. 그 애들은 무언가에 대해, 아마 어떤
사람에 대해 불평을 늘어놓으며 잔뜩 짜증이 난
상태였는데, 그 사람의 어떤 점이 짜증 나느냐고
물어보니 이렇게 대답했다. "그냥 짜증 나요." 그래서
내가 "그래? 왜 그게 짜증스러운지 아니?"라고 묻자
이랬다. "왜냐하면 짜증 나니까요." 그래서 내가 짜증이
묻어나는 말투로 "나도 알아. 하지만 그들이 하는
행동의 어떤 점이 너희를 짜증 나게 했느냐고."라고
묻자 아이들이 자신들의 젤리 곰을 나에게 던지며
외쳤다. "짜증 나는 점이요!"

(3월 9일)

52. 토토

만일 과거에, 요즘의 대중음악가들에게는 필수나
다름없는 매력, 그러니까 '핫하다는 소리를 못 들을
바에는 이 판에서 나가'에 반하는 뚜렷하고 눈부신
증거, 일종의 반증이 있었다면, 그것은 밴드다. 그리고
그 중에서도 아주 딱 맞는 밴드가 토토다. 우리는 그
시절 거의 무한정 토토의 뮤직비디오를 틀어댔고,
당연히 시작은 'Rosanna'였다. (그러다 마침내 후기
식민주의 이전의 히트곡[124]인 'Africa' 뮤직비디오에 이르렀는데,
그건 "약간 인종차별적이지만 뭐" 장르의 이정표였다.)

    여러분이 이 비디오들을 보며 눈앞에 지극히
평범해 보이는 신사 몇 명이 있다는 걸 깨닫는 데에는
10초면 충분하다. 그리고 만일 여러분이 나처럼 이
시대를 사느라 타락했다면, 즉 좋은 음악이란 대개
전형적으로 혹은 지루할 만큼 매력적인 이들에게서
뿜어져 나온다고 생각한다면 좀 더 기다려볼 것이다.
건장하고 매력적인 다른 리드 싱어나 다른 핫한 베이스
주자가 나오기를. 그러나 그 누구도 발견할 수 없을
것이다. 왜냐하면 그런 사람들은 거기에 없고, 거기
있을 필요가 없었기 때문이다. 그 시절은 비주얼
경쟁이 대세를 이루기 전이었고, 외모가 음악성보다
중요해지기 전이었다. (너무 젊은 독자들이라면 그런 시대가
있었다는 게 믿기지 않을 것이다. 예수께서 맹인의 눈에 침과

---

124. 토토의 'Africa'가 아프리카 대륙을 낭만적인
    일상 탈출의 장소로 그리는 것은 후기 식민주의가
    비판하는 전형적인 서구적 사고방식이다.

흙을 발라 눈을 뜨게 만드셨듯이 나는 여러분에게 'We are the World'[125] 뮤직비디오를 건네겠다.)

토토 멤버들의 패션 감각을 보면 내가 성장기에 약간 긴장하며 마주치곤 했던 펜델과 파클랜드 출신 녀석들이 떠오른다. 우리는 그 번아웃[126]들을 모터헤즈[127]를 줄인 헤즈라고 불렀다. 맹세컨대 이 비디오에서 우렁찬 목소리에 망나니 같은 콧수염을 기른 인물, 울타리 반대편에서 한껏 뽐내며 걷는 로재나에게 힘찬 테너로 노래를 불러대는 딱 그런 인물이—나는 울타리 안에 있는 게 그 여자가 아닌 그들이라는 걸 알려줄 수 있어 행복하지만, 울타리는 그들이 빠져나와 그 여자를 노래로 스토킹하는 것까지(좀 성차별적이지만 뭐) 막아주지는 않는다—실제로 우리 동네 버스 뒷자리에 앉아 의자의 초록색 비닐 시트 위에다 연필 지우개로 AC/DC나 머틀리 크루[128]라고 쓰곤 했다. 중간중간 뒷주머니에서 꺼낸 빗으로 한바탕 머리 손질을 하면서.

이 모든 게 한탄처럼 들릴지 모르지만, 그냥 나의 관찰이다. 아니, 아니다. 이것은 한탄이다. 나는 최근 뉴욕타임스가 내는 패션지 《T》를 뒤적이다가, 많은 이들이 열망하는 유명 상표로 보이는 굿즈 광고들을 보았다. 떠돌이 같고, 낙담한 듯 보이는 아이들이 그 굿즈들을—왜 그것을 '좋은 것들(goods)'이라 부르는

---

125. 1985년 대기근으로 고통받는 아프리카 국가들을 돕기 위해 유명 음악인이 대거 참여해 발표했던 곡
126. burnout, 1970~1980년대 헤비메탈 팬을 지칭하던 별명 중 하나
127. motorhead, 자동차광을 이르는 속어
128. 헤비메탈 밴드 이름들

거지?—파는 광고에 이용되고 있는 모습을 보며 나는 생각했다. 우린 아주 망했구나.

(3월 10일)

53. 교회 시인들

어쩌면 내 부족한 신앙심을 드러내는 일일지도
모르겠는데, 교회 입구의 안내판(무슨 이유인지 안내판은
정확한 명칭이 아닐지 모른다는 생각이 든다.)에 쓰인 표어,
금단의 열매가 많은 잼을 만들어냅니다를 보았을 때,
나는 '골칫거리'라는 뜻의 잼, '방해'라는 뜻의 잼,
'곤경'이라는 뜻의 잼은 0.5초도 떠올리지 못했다
(또 파티나 축하를 뜻하는 잼도 금방 떠올리지 못했다). 나는
사람들이 기금 마련을 위해 잼을 팔고 있다고 생각했다.
돌이켜보니 그런 식의 홍보문구는 본 적이 없다.
썩 좋은 아이디어인데도 말이다.

(3월 11일)

54. 공공장소에 누워 있기

방금 카페 창밖을 내다보다가 메이플 스트리트 서쪽의 인도 위에 한 남자가 누워 있는 모습을 보았다. 발을 안으로 당기고 있어 양 발꿈치가 엉덩이 근처에 있고, 무릎은 앞뒤로 흔들고 있다. 인도 위에는 책상이 하나 있는데, 아마 '무료 나눔' 표시가 붙어 있는 것 같다. (나는 이런 식의 기부를 좋아한다. 사람들이 누군가를 위해 인도에 물건을 내놓는 행위.) 여기서 보기에 팔을 머리 위로 쭉 뻗고 있는 걸 보면 책상 다리 한쪽을 수리하고 있는 것 같기도 한데 — 멀리 떨어져 있어 정확히 식별하기는 어려웠다 — 어차피 무료로 내놓은 걸 감안하면, 몹시 세심한 행동으로 여겨졌다. 또한 충분히 이해가 되었다. 책상 다리를 수리하느라 인도에 누워 있는 행위. 다른 상황이었다면 인도에 누워 있는 것은 일탈의 증거라고 판단했을 것이다. 사회적 통념과의 부적절한 관계. 한 사람이 그 관계와 어떻게 연결되느냐에 따라 미친 사람으로도 불릴 수 있는 관계 말이다.

공공장소에 누워 있어도 미친 사람으로 보이지 않는 곳들이 있다. 그러나 내가 많은 시간을 보낸 사랑스러운 강변 동네, 뉴저지의 프렌치타운은 그런 곳이 아니다. 내 친구가 언젠가 유쾌한 방식으로 확실히 알려주었다. 그때 나는 몸의 4분의 3 정도를 인도에 대고 머리와 어깨를 벽에 기댄 채 책을 읽으며 동시에

책으로 눈부신 햇살을 막고 있었다. 그러자 친구가
내 쪽으로 살금살금 다가와 배 위에다 25센트짜리 동전
두 개를 던져주었다.

그러나 공원, 특히 날씨가 좋은 날, 공원에 누워
있는 건 문제 될 게 없다. 풀밭 위. 가끔은 적당한
담요나 수건을 챙겨서. 아니면 웬만하면 벤치 위에.
특히 그 모습이 그곳 말고도 따로 있을 곳이 있는
사람처럼 보인다면 좋다. 폴더폰이 아닌 휴대폰이 이럴
때 도움이 된다. 요가복이나 근무복 차림도. 그러나
인도에 눕는 것은 복장이 어떠하든, 지나다니는 발길에
전혀 방해가 안 된다 하더라도, 뚜렷한 일탈이다.

『패턴 랭귀지』라는 책에서 공동 저자인
크리스토퍼 알렉산더와 사라 이시카와, 머리
실버스타인, 맥스 제이컵슨, 인그리드 픽스달 킹,
슬로모 엔젤은 동네가 자리 잡아가는 데 필요한 패턴
중 하나로 사람들이 가끔 잘 수 있는 공공장소를
제안한다. 나는 이 책을 좋아하는데, 표제 항목마다
실린 아름다운 스케치와 사진들이 특히 좋다. 내 기억에
의하면 '공공장소에서의 수면' 항목에는 손을 가슴에
포개고 장화를 신은 채 누워 있는 한 남자의 사진이
나온다. 아마도 모자로 눈을 덮고 있었던 것 같다. 이건
어쩌면, 유감스럽지만, 이 행동이 한 가지 성별에게만
가능한 기쁨일지 모른다는 뜻이다. 공공장소에서 자도
안전하다고 느끼는 건 대개 시스젠더 남성들에게만
주어지는 기쁨일지 모른다는 것이다. 스테퍼니에게

공공장소에서 자는 낮잠에 대해 물어보자 자신은 주로 (인도가 아닌) 공원에서 약간 신경 꺼 차림으로 잤다고 해서 한참을 웃기는 했다. 그런다고 달라지는 건 없다. 이 중 어느 것도 공공장소에서 자는 행위가 모두에게 편안하거나 (자는 사람의 몸과 상관없이) 안전한 경험이 아니라는 사실을 부정하지는 못한다.

내 인생에서 가장 만족스러웠던 낮잠 중에도 인도에서 잔 낮잠들이 있었다. (그러나 내가 가장 깊이 잔 것은 언제나 국가가 주도하는 뇌 손상[129] 축하 행사인 슈퍼볼을 시청할 때였다. 나는 보통 1쿼터 도중에 잠이 들어 4쿼터 초반에 일어난 다음 가뿐히 새해를 맞을 준비를 했다.) 인도 위의 낮잠 중 하나는 친구 리세트와 케이티가 피자 나보나 스패니시 스텝스 근처의 가게들에 들어가 있을 때였다. 나는 어느 분수 옆에 누워 기다렸는데, 그 물이 조금씩 나를 천상의 잠으로 흘려보냈다. 또 한 번은 필라델피아의 파인 스트리트에서 경험했는데, 아마 19번가와 20번가 사이였을 것이다. 나는 백팩을 머리에 벤 채로 잠이 들어버렸다. 여름 동안 빌린 집의 열쇠를 받으려고 기다리는 중이었는데, 마침 그날이 블룸스데이[130]라 소설 『율리시스』의 마라톤 낭독이 이어지고 있었다. 아마 나로서는 그 책을 읽는 완벽한 방식이었던 것 같다. 나는 잠결의 안팎을 넘나들고 있었고, 커다란 가로수 위로 5월의 햇살이 잎을 뒤덮으며 내게 얼룩무늬를 그리고 있었다. 비스듬히

---

129. 미식축구는 뇌 손상을 많이 일으키는 스포츠 중 하나다.
130. 아일랜드의 소설가 제임스 조이스의 작품 『율리시스』를 기념하는 축제로, 더블린뿐 아니라 세계 각지에서 열린다.

기댄 따뜻한 대리석이 나를 지탱해 주는 가운데,
가물가물한 나의 의식에는 낭독자들이 읽어주는
문장들이 아름다운 시로 다가왔다. 나의 다리는
둥실둥실 떠다녔다.
마치 배 위의 돛처럼, 마치 메이플 스트리트에 누워 있는
이 사람처럼. 방금 그가 벌떡 일어났는데, 그 활기찬
중년 사내는 뭐랄까, 그러니까 여기서는 잘 보이지 않던
작은 포메라니안을 꼭 안아주느라 인도에 누워 있었던
것 같다.

(3월 14일)

55. 아기들. 정말로.[131]

오늘은 비행기에서 앞좌석에 무릎을 부딪혀가며 책을
읽고 있는데, 판다 모자가 달린 분홍색 우주복을
입은 젖먹이가 복도를 따라 아장아장 걸어왔다. 그
여자아이는 또래 아이들이 그렇듯 신통하게도 자세를
잡은 작은 생명체였고, 대담하게도 엄마보다 앞장서
비행기 뒤편을 향해 뒤뚱뒤뚱 걸어가고 있었다.
꼬마에게 탐험을 시켜보는 건 좋은 교육인 것 같았다.
그러나 아기가 내 줄 근처까지 왔을 때, 내 앞좌석,
이마에 수면 안대를 걸친 남자가 눈이 휘둥그레지더니
미친 듯이 미소를 짓고 쪽쪽 소리를 내며 아기에게
뽀뽀하는 시늉을 했다. 그는 내가 알아들을 수 없는
언어를 썼지만, 그가 아기에게 내는 소리는 그의
일행들이 내는 소리와 함께 화음을 이루었고, 나는
문득 아기와 나누는 말이 만국 공통어나 그에 가까운
언어인지 궁금해졌다. 그들이 무슨 말을 하고 있는지
정확히 이해했기 때문이다. 신께서 어른들이 아기에게
말을 건넬 때에만 이런 예외를 두었다는 건 얼마나
근사한 일인가. 아무튼 남자는, 북쪽을 가리키는
가느다란 머리칼 한 움큼에 커다란 눈을 한 이 작은
생명체에 걷잡을 수 없이 매혹된 나머지, 아이의
배를 콕 찔러보는가 싶더니 급기야 자기 무릎 위에
그 애송이를 올려놓고야 말았다. 위로 올라선 아기는

---

131. 38장이 '베이비, 베이비,
베이비'였기 때문에 이번에는 진짜
어린 아기 이야기라는 뜻

들썩이며 웃다가 살짝 긴장한 표정이 된 엄마 쪽을
돌아보았고, 다시 복도로 풀려나 되돌아갔다. 이제
그쪽에서 속닥거림의 합창이 시작될 참이었다. 모두가
그 먼치킨[132]을 향해 손을 내밀고(마스코트가 관중에게
티셔츠를 던지는 농구 경기의 하프타임 쇼를 떠올려보라), 들어
올리고, 계속, 그렇게 계속. 나는 아이가 그와 아무런
연고가 없어 보이는 이들에게 유발한 사랑과 기쁨이
얼마나 지속적인지를 보며 적잖이 당황했다. 그 사랑과
기쁨은 아기들의 얼굴을 깨물어주지 못해 안달이 난
이들의 감정과 비슷해 보였다. 나 역시 한창 빠져서
읽던 무시무시한 내용의 책도 내려놓은 채 사람들과 큰
소리로 웃으며 혀짤배기 소리를 냈고, 다시금 우리 안의
깊고도 선한 무언가를 확신하게 되었다.

(3월 16일)

---

132. 『오즈의 마법사』에 나오는 몸집이
작은 사람들. 작은 사람이나
물건을 표현하는 용어로 흔히
쓰인다.

56. "인생, 인생, 인생, 햇빛 속의 내 인생"[133]

이 기쁨은 지나가던 차의 열린 창문을 통해 내 무릎 위에 내려앉았는데, 단순히 (비록 구슬픈 신시사이저 화음과 촉촉한 셋잇단음표가 그 단순함을 다소 벗어나지만) 햇빛을 좋아하는 이유에 대한 노래다. 맞다, 어쩌면 이미 알고 있는 얘기를 하는 것일 수도 있지만 내가 이 노래에 담긴 이유들을 좋아하는 건 단순해서다. 이런 부분 말이다. "모두가 그걸 좋아해, 모두가 그걸 좋아해, 사람들은 그 안에서 갈색으로 변하고, 그 안에서 춤을 추지." 그리고 내게 가장 설득력 있게 다가오는 부분, 햇빛을 형이상학적인 것, 심지어 신성한 것으로 끌어올리는 부분은 여기다. "그저 벌들과 사물들, 그리고 꽃들."

(3월 20일)

---

133. 로이 에이어스Roy Ayers가 1976년에 발표한 노래 'Everybody Loves the Sunshine'의 가사

57. 몸의 일부로 받아들이기

나는 열정적인 몸짓 활용자라 할 만한 유형으로, 거의 겉만 화려한 수준에 가깝다. 수도 없이 무언가를 가리키고, 손짓하고, 후려쳐 때로는 좀 과할 정도다. 아마 샐러드 가게 점원도 그렇게 생각한 것 같은데, 내가 참깨 두부 샐러드에서 구운 닭고기를 빼줄 수 있느냐고 묻자 짐짓 정색하며 "아뇨, 안 되죠"라고 거절하고는 씩 웃는 바람에 나는 또 웃느라고 유리 칸막이를 너무 세게 쳐버렸다. 평소에 웃을 때에도 내 몸을 두드리는데, 가장 자주 치는 부위는 심장 근처다. 그냥 기쁠 때 두드릴 만한 의미 있는 부위라고 생각해 내가 정한 것이다. 이 얘기를 하는 건 그저 내가 어떤 텅 빈, 무의미한 몸짓을 하는 건 아니라는 걸 확실히 해두고 싶기 때문이다. 나는 그런 사람, 그러니까 도움이 필요한 정도의 사람은 아니다. 자, 그럼 오늘 내가 친구 월턴과 한 시간 정도 수다를 떨고 몇 시간 뒤에 다른 대화에서 월턴의 우아한 손짓 중 일부를 채택—체화—했다는 사실을 발견했을 때, 얼마나 기뻤을지 상상해 보자. 강조의 의미로 허공에서 손으로 헤엄을 친다거나 무언가를 가리키는 동시에 휙 잡아채는 동작을 한다거나, 누군가를 부르는 듯한 손짓을 한다거나. 행동심리학에 이를 가리키는 용어가 있다고 들었는데, 거기에서는 내가 무엇에 흥미를 느끼는지 보다는 어떻게 행동하는지에 주목한다. 행동이야말로 우리 몸 전체에 구멍이 숭숭 나 있다는 증거로, 우리 몸에 얼마나 자주, 대부분 자기도 모르는 사이에, 다른 누군가의 몸이 들어와 있는지를 보여준다.

(3월 21일)

58. 보탄 라이스 캔디

(서문에 해당하는 기쁨: 무하마드 알리와 정글의 혈투[134]에 관한 다큐멘터리 〈우리가 왕들이었을 때〉에서 내가 제일 좋아하는 장면은 무엇보다 알리가 잠깐 고래고래 소리 지르던 걸 멈추고 이런 얘기를 할 때인 것 같다. 그는 아이들이 알아줬으면 하는 것은 이를 잘 관리해야 하고 사탕을 그만 먹는 것이라며, 자신의 충치를 가리키고 사뭇 진지하게 한탄하며 슬픈 표정을 짓는다.)

오늘은 4번가에 있는 국제 음식 시장에서 팔라펠 샌드위치를 계산하다가 보탄 라이스 캔디[135]가 가득 든 상자를 보았다. 그 가게에만 한 100상자는 되어 보이는 사탕이 있기에 두 상자를 샀는데, 꼭 자제력을 기르는 기분이 들었다. 모조리 사고 싶었기 때문이다. 사탕의 성분은 매우 단순하다. 아니, 단순할 거라 생각했는데 내가 틀렸다. 포도당 시럽, 설탕, 찹쌀, 물, 레몬 향, 오렌지 향, 식용색소 적색 제40호(알룰라 레드 AC). 내가 가장 좋아하는 사탕류는 늘 젤리처럼 말랑한 종류들(특히 곰 젤리들)이었는데, 그것들에는 종종 내가 동족으로 여기는 돼지나 말의 뼈 성분이 들어 있어 이제는 먹을 수 없게 되었다. 그나마 보탄 라이스 캔디의 말랑함에서 어느 정도 위안을 얻고 있는 셈이다— 하기야 어찌 알겠나, 얼마나 많은 돼지와 말, 새와 노래기, 강과 나무, 간과 콩팥이 레몬 맛의

---
134. 무하마드 알리와 조지 포먼이 1974년에 지금의 콩고인 자이르에서 펼친 전설적인 복싱 경기의 별칭

135. 북미 지역에 많이 수출된 말랑한 일본 사탕의 상품명. 식용 비닐로 싸여 있고 상자 안에는 스티커가 들어 있다.

제단에서 혹은, 오 맙소사, 식용색소 적색 제40호(알룰라 레드 AC)의 제단에서 희생되고 있을지—.

입안에서 녹는 식용 비닐은 말할 것도 없다. 상상이 가겠지만 어린 시절 그 비닐은 형과 나의 마음을, 심지어 상자 속 공짜 스티커보다도 설레게 했다. 당시 아버지가 우리를 데리고 펜실베이니아주 레빗타운의 더럼과 뉴폴스 교차로 모퉁이에 있는 아시아 시장에 갔는데, 바로 옆에는 레빗타운 미용 학교가 있었다. 그곳의 백인 여성 견습 미용사들은 형과 내가 밤마다 깃털 같은 스타일[136]로 변하게 해달라고 기도했던(여기에는 웸![137] 시절의 조지 마이클 사진이 영향을 끼쳤을지도 모른다. 어쩌면 우리가 기도하던 제단이 있었을지도 모른다) 솜털 같은 아프리카 헤어스타일이 탐난다는 듯 감탄을 보내곤 했다. 아버지는 우리 뒤에서 윙윙대던 커다랗고 뒤틀린 냉장고에서 간장과 해선장, 마름, 신선한 생강을 조금씩 담아 오면서 손으로 계산대 쪽을 가리키곤 했다. 그 옆에 바로 이 사탕들이 쌓여 있었다. 형광등 밑에서 은은히 빛나던 그 셀로판지들, 사탕 세 개를 바구니에 담던 아버지의 모습이 떠오른다. 집으로 돌아가는 차에서 하나는 형에게, 그다음은 나에게 던져 주곤 했다. 그리고 남은 하나는 아버지 자신의 입에 털어넣었다.

(3월 22일)

---

136. 1970년대 유행한 생머리를 깃털처럼 층이 지게 만드는 머리 모양. 웸! 시절 조지 마이클도 이런 스타일이었다.
137. 조지 마이클George Michael과 앤드루 리즐리Andrew Ridgeley가 1981년에 결성한 영국의 팝 듀오

59. 하목층[138]

나는 오늘 박태기나무를 감탄하며 바라보고 있다. 이 섬세하고 눈부신 나무는 아름다운 것들이 대개 그렇듯, 보려면—진정으로 보려면 약간의 훈련이 필요하다. 나로서는 어쨌든 행복한 일인 게, 나무들이 하목층에 있고, 매년 봄 영광스러운 몇 주 동안 그 거무스름한 나무에서 라벤더나 빈카를 닮은 꽃이 수천 송이 피기 때문이다. 우리 집 앞, 한창 꽃을 피운 나무 한 그루는 마치 백랍빛 하늘 아래 떨고 있는 형광빛 천사들 같다. 내가 일하는 캠퍼스 건물 앞에서 자라고 있는 이 나무의 형제자매들은 각기 자신만의 뚜렷한 색을 띠고 있는데, 서로를 향해 기운 모양이 마치 비밀을 속삭이는 것 같다. 아마 실제로도 그럴 거라 생각한다. 또 박태기나무는 내가 아직 완전히 이해하지 못한 패션에 대해서도 조금씩 가르쳐 주는데, 어떤 면에서는 뻔뻔할 만큼 겸손하게 말하는 법에 대한 수업인 것 같기도 하다.

    나는 오늘 박태기나무와 층층나무가 적어도 내가 사는 지역에서는 동시에 꽃을 피우지 않는다는 사실을 깨달았다—대부분 박태기나무가 한두 주 먼저 꽃을 피운다. 적어도 내가 사는 지역에서는 민간 기독교 전통의 잔재 때문에 두 나무를 함께 심는데도 말이다. 내가 알기로 그 전통에서 층층나무는 예수의 나무고,

---

138. 다양한 높낮이의 나무들이 있는 숲에서 비교적 낮은 층

박태기나무는 유다의 나무다. 층층나무가 어떻게
이 백인 신교도들 틈에서 완전히 예수화되었는지는
나로서는 쉽게 짐작이 가는데, 일단 그 하얀(그리고 내가
아는 평범한) 층층나무의 경우, 그 흰색이 백인들에게는
순수와 진실한 선의 표현이기 때문이다. (내 짐작으로
분홍 층층나무는 다른 종류의 열정을 암시하는 듯 한데, 분명
칼뱅[139]을 난처하게 만들었을 것이다.) 한편 박태기나무가
유다가 된 건 그가 동양 박태기나무의 지중해 쪽
친척(서시스 카나덴시스)에 목을 매었기 때문이라고 한다.
물론 박태기나무 꽃들이 입맞춤을 갈구하는 입들의
비밀 모임처럼 모여 있는 것도 청교도들에게는 타락과
연결하기에 충분한 구실이었을지 모른다. 이 꽃은 사실
신성함 이상의 것을 품고 있는데도 말이다.

(4월 4일)

---

[139]. Jean Calvin(1509-1564),
프랑스의 종교 개혁가

60. "환희는 지극히 인간적인 광기다":
우리 사이의 부엽토

건강한 숲이라고 하면 우리는 보통 땅 위에 있는 부분을
상상하게 된다. 그러나 우리의 상상이 틀릴 수 있다.
나무의 대부분을 차지하는 뿌리들이 저 밑 땅속까지
뻗어 있기 때문이다. 그곳에서는 뿌리와 균사 간의
의사소통이 지속적으로 이루어지며, 종종 아프거나
약하거나 스트레스를 받는 쪽이 강하고 여유 있는
쪽으로부터 지원을 받는다.

    그러니까 내 말은, 멀찍이 있는 나무에 질소가
필요한데 바로 옆의 나무가 여분의 질소를 갖고 있다면,
균계의 구급차인 균사들hyphae — 구두점 세계에서
악수 역할을 하는 하이픈hyphen과 아주 가까운
사이 — 이 그걸 실어 나른다는 것이다. 그것도 꾸준히.
이 나무에서 저 나무로. 저 나무에서 이 나무로. 비옥한
균계의 부엽토 한 숟갈에 담겨 있는 것은(한 가지 기쁨:
균계의 부엽토라는 표현, 죽음이 만들어내는 생명들로 소용돌이치는
건강한 숲의 흙을 뜻한다) 엄청난 길이로 이어져있는 균류,
악수들이다. 그들은 그 일을 하고 약간의 당분을
얻는다. 대명사 그들 때문에 버섯들이 사람처럼
바뀌었는데, 맞다, 실제로 바뀌었다. 내 상상 속에서
사람이 버섯으로 진화했다.

    왜냐하면, 아마 환희가 무엇인지 정확히 말하려다
보니 이런 생각이 난 것 같은데 — 나무와 버섯들이

이 원리를 보여주었다―무엇보다 환희란 우리, 즉
여러분과 나 사이를 이어주는, 겉으로는 잘 보이지
않는 땅속 연합이라는 생각이 든다. 거기에는 무엇보다
우리의 삶과 모두의 삶, 그리고 우리가 사랑하는 모든
것들이 죽어가고 있다는 엄청난 사실이 내포되어 있기도
하다. 만일 우리가 그 사실, 즉 우리 사이의 부엽토를
한 숟갈 떠본다면, 그 속이 꽉 차 있다는 것을 알게 될
것이다. 마치 이제껏 쓰인 모든 책들처럼 보일 것이다.
몸 안에 있는 신경망 전체처럼 보일 것이다. 우리는 그걸
슬픔이라 부를 수도 있겠지만, 연합이라고 부를 수도
있다. 일단 우리가 그걸 깨닫고 밝은 곳으로 가지고
나오면 꽃과 먹거리가 될지도 모를 연합. 환희로 변할
지도 모를 연합.

(4월 7일)

61. "아주 오늘 날 잡았네…"

…라고 젊은 친구가 내게 중얼거렸을 때는, 공교롭게도 그의 버거킹 야구 모자에 얹어둔 안경이 바람에 날아간 직후였다. 그는 아마 일하러 가던 중이었던 것 같다. 안경을 주우러 허리를 굽히다 짜증스러운 표정으로 나와 눈이 마주친 그가 안경 렌즈와 나를 번갈아 쳐다보기에 이렇게 말했다. 괜한 말이 아니기를 바라며. "좋아질 거예요." 그러자 그가 대꾸했다. "고맙습니다."

(4월 9일)

62. 봄의 보랏빛 나팔들

내 앞에 놓인 탁자에는 마치 타로 카드로 점을 볼
때처럼 네 종류의 보라색 꽃이 펼쳐져 있다. 모두 집에서
사무실까지 5분 정도 걸어오며 구한 것들이다. 가장
왼쪽에 있는 건 보랏빛 나비 같은 바이올렛. 그 옆에
있는 건 박하 종류로, 매년 이맘때 피어 그야말로 잎의
피라미드를 이룬다. 꼭 첨탑을 이룬 잎들 사이로 보랏빛
신자들이 밖을 내다보는 듯한데, 신자들은 꽃들, 그
중에서도 부루퉁한 꽃들이다. 그 옆은 담쟁이덩굴.
보랏빛 꽃잎들이 편도가 드러날 정도로 입을 벌린 채
무언가를 갈망하고 있다. 그리고 4인조의 마지막은
라일락 꽃, 아니 꽃 무리다. 줄기 하나에 최소 스물한
송이의 활짝 핀 꽃들이 달려있기 때문이다. 이 작은
꽃들이야말로 향기를 뿜는 나팔들이다. 봄의 나팔들.
오늘 가져오지는 않았지만 쉽게 구할 수 있는 보라색
꽃들 중에는 박태기나무 꽃과 레몬 향에 안쪽에 호랑이
같은 줄무늬가 있는 자목련이 있다. 또 땅을 뒤덮는
두 종류의 꽃이 더 있는데, 이웃집 정원을 가득 메우고
있다. 그리고 무스카리가 있다. 며칠 전 이웃들은
내가 풀이 무성한 공터에서 무릎을 꿇은 채, 숨을 깊게
들이쉬고 있는 모습을 목격했다고 한다.

(4월 10일)

63. 자원 활동가

그중 한 여성이 지금 커크우드와 메이플 스트리트
교차로의 모퉁이에서 뒷짐을 진 채, 왼손에 멈춤
표지판을 추처럼 들고 서 있다. 분명 학생들뿐만 아니라
어른 아이들을 위해서도 길을 살피는 것 같다. 아침
산책을 나온 중년 여성 둘을 안내하느라 다가오는
차들에 표지판을 들어 보인 뒤 길 한가운데로 걸어
나가고 있으니 말이다. 일흔에서 일흔다섯 사이로
보이는 그는 나이에 걸맞은 우아한 태도에, 얼굴 전체에
내내 미소를 띠고 있다. 이따금 연두색 형광 조끼의
옷깃을 바로잡는데, 그 옷이 그의 임무가 학교 건널목
지킴이라는 사실을 알려준다. 추측건대
그 일은 자원 활동일 테고 그는 자원 활동가인 셈이다.
그는 몇 걸음 떨어진 곳에 아주 편해 보이는 의자
높이의 턱이 있는데도 절대로 앉지 않는다. 미소를
띠고 있지 않았더라면 나는 청교도적이고 융통성이
없는 사람이라며 그를 비난했을지도 모른다. 이 자원
활동가는 몸을 심하게 떨고 있는데, 아마 파킨슨병을
앓고 있는 듯하다. 마치 모든 것에 맞다고 동의하는
것처럼 고개를 끄덕이고 있다. 공교롭게도 죽음에 대해
생각하고 있던 나는 그를 스틱스 강[140](정말 누군가가 이걸
따서 밴드 이름을 지었나?)의 사공처럼 커크우드 건너편으로
사람들을 데려다 주려고 참을성 있게 기다리는 이라고

---

[140]. 그리스신화에 나오는 저승과 이승
사이의 강

상상해 본다. 내가 배에 탈 때 그가 고개를 끄덕이며 미소 짓는 걸 본다면, 이루 말할 수 없을 만큼 큰 위안이 될 것 같다. "자, 제가 안내해 드리지요."

(4월 12일)

64. 속눈썹 끄집어내기:
시 낭독의 미덕에 대한 약간의 잔소리

이렇게 말하면 좀 자기과시적인 것 같지만, 나는 시
낭독을 좋아하고 낭독회에 가는 것도 좋아한다.
내 생각에 보통은 한 시집을 좋아하는 것보다 그
낭독회에 가는 걸 더 즐기는 것 같다. 정말이다.

    이유는 간단하다: 시 낭독 중에 우리는 낭독자가
스스로의 몸과 의사소통하는 걸 지켜보고, 그때 그
몸은 서서히 사라져가는 과정 속에서 소통하고 있기
때문이다. 내 말은 몸은 언젠가 죽을 거라는 뜻이다.
시체성애자처럼 들린다는 것을 알지만, 전혀 아니다.
왜냐하면 죽어간다는 사실, 여러분과 내가 죽더라도
책들은 그러지 않을 거라는 사실은 우리에게 모든
몸들이 반짝인다는 것 또한 일깨워주기 때문이다. 공연
중인 몸, 읽고 있는 몸, 살아있는 몸, 연단 위에서 독서
등을 만지작거리는 몸, 혹은 자신의 드레스 자락을
만지고 있는 몸, 휘트니 휴스턴이 그랬듯 리듬에 맞춰
마이크 위를 두드리는 몸, 혹은 실내의 구석구석을
응시하는 몸. 가끔 입술 사이로 반짝이는 침 한 줄, 시에
나오는 기린을 가리킬 때 땀으로 축축해져있는 그들의
티셔츠 겨드랑이.

    물론 책은 사랑스럽다. 나는 책을 좋아하고,
도서관은 지구상에서 내가 가장 좋아하는 장소다.
특히 지난 5년에서 10년 사이에 여기저기서 생겨나고

있는, 마치 책을 위한 새집 같은 도서관. 작게 손으로
만들어, 한 권을 가져가면 다른 한 권을 두고 가게 되어
있는 방식의 도서관은 그야말로 또 하나의 기쁨이다.
조그마한 동네 도서관들도 좋아한다. 일주일에 이틀
반만 여는데, 그마저 엉뚱한 시간에 여는 도서관들.
그런 곳에 가면 옹이가 박힌 소나무 판이 삐걱대고,
누군가가 지나갈 때면 낡은 건물에 꽉 찬 책장들이
흔들거린다. 공상과학소설과 원예 도서, 성애 문학과
아동문학 방으로 가려면 계속 내려앉는 문틀 밑을
오리걸음으로 지나가야 한다.

  이 글을 쓰며 떠오른 사실인데, 내가 가장
흠모하는 책은 그 책을 만졌던 사람들의 흔적이
담겨있는 책이다— 접힌 페이지들이나 책갈피로 쓴
오래된 영수증(언제나 사랑스러운 하나의 여담). 밑줄과
감탄부호들, 게다가 오래된 도서관 책에 이것들이
표시되어 있을 때! 때때로 우리가 사랑을 표현하는
방식인 소소한 파괴 행위들. 어떤 기름 성분 때문에
생긴 손자국, 아마도 땅콩버터. 그게 내 책이라면 아마
땅콩버터일 것이다. 혹은 차를 쏟은 자국, 그리고 오직
그 사람만이 해독할 수 있는 자기 자신에게 쓴 메모.

  그러나 책들은 오늘 낭독회의 시인이 그런
것처럼 기침을 하거나 변명을 하지도 않고, 물을 조금
마시거나, 꽃가루에 대해 한마디 하거나, 코를 옷소매에
닦으며 라일락 향기가 자아낸 백일몽에 빠지게
하지도 않는다. 또한 책들은 미국에서 분명 가장 수동

공격[141]적인 문학 행사장 중 한 곳일 이곳 소파에 모인 12명 혹은 13명의 사람들에게 자신의 글을 전하느라 예리하게 쳐다보지도 않는다. 또 시를 읽는 도중에 입속으로 집게손가락과 엄지손가락을 뻗어 속눈썹 하나를 살며시 빼내지도 않는다. 시를 읽는 인간의 몸 안에는 페이지 위의 시 한 편이 결코 재현하지 못할 다양성이 담겨 있다. 달리 말하면, 책들은 죽지 않는다. 그리고 책을 사람보다 더 좋아한다고 해서 책이 우리가 죽는 걸 막아주지도 않을 것이다.

(4월 17일)

---

141. 간접적인 방식으로 심리를 드러내는 공격. 여기에서는 상대의 문학에 대한 은근한 비판을 뜻한다.

65. 찾아낸 것들

내가 무언가에 한눈을 팔다가 찾아낸 기쁨, 여전히
그런 식으로 찾고 있는 기쁨(티셔츠 문구 아이디어:
기쁨과의 외도)의 특징 중에는 발견하는 느낌이 있다.
한 사람이 무언가, 아마 물질적으로, 영적으로, 혹은
초자연적으로 이전에 알려지지 않았던 것을 찾아냈다는
느낌, 드러냈다는 느낌말이다. 기쁨은 어쩌면 무언가를
가리키는 우주의 거대한 손가락 같은 것일지 모른다.
아니, 기쁨은 우주의 거대한 손가락이 무언가를 가리킨
뒤, 그 무언가(그것은 십중팔구 이미 거기에 있었을 테고, 그래서
내가 인간의 손가락이 아닌 우주의 손가락의 도움을 받은 것이다)가
모습을 드러내는 것에 가까울 것이다. 오호! 아니면
우아, 저거야!

    예를 들어 나는 이틀 전, 한 건장하고 섹시한
중년 남성이 불빛이 깜빡이는 바퀴가 달린 여행 가방을
끌고 길을 지나가는 것을 보았다. 그 모습이 아이들의
깜빡이는 스니커즈와 미학적으로 비슷해 보여 나는
이렇게 생각했다. 우아, 저거야! 딱 반딧불 신발을 신은
어린이들을 볼 때 감탄하는 느낌으로 말이다. 아니면
토머스 럭스[142]의 시를 읽다가 돼지는 위를 올려다볼
수 없다는 사실을 배웠을 때. 오호! 또는 내가 거의
규칙적으로 경유하는 디트로이트에서 공항 안으로
새들이 급강하하는 장면을 볼 때. 왜냐하면 그 새들을

---

[142]. Thomas Lux(1946~2017), 미국의 시인

매번 보는 게 아닌 데다 가끔 봤어도 그 사실을 잊는 편이라, 난 항상—거의 항상이 아니라 항상—기뻐서 어쩔 줄을 모른다. 내 손가락, 역시 일종의 새라고 할 수 있는 그 손가락이 쓰레기통 위로 미끄러진 작은 털 뭉치를 가리키려고 내 옆을 날아간다. 우아, 저거야! 동시에 나는 통근자들 틈에 어디 기쁨의 동료가 없는지 주위를 둘러보는 자신을 발견한다.

궁금하다, 이렇게 공유하려는 충동, 옆의 이웃을 팔꿈치로 툭 치려는 열망도 기쁨의 특징 중 하나일까? 그 옆 사람은 아마 새가 우리 사이로 날아가고, 새를 따라 시선을 옮기기 전에는 있는 줄도 몰랐던 파이프나 서까래 안으로 들어가기 전까지는, 우리의 이웃조차 아니었을 것이다. 한 발 더 나아가면, 나는 공유하려는 충동이 다음을 암시하는지 궁금하다—이건 그냥 하나의 가설로, 이걸 법칙으로 만들 충분한 증거가 있을지는 의심스럽다—우리의 기쁨은 우리가 그걸 나눌 때 늘어난다는 것.

(4월 17일)

66. 찾아낸 것들 (2)

이 기쁨은 또 다른 종류의 찾아낸 것, 또 다른 종류의
한 마리의 새로, 캘리포니아의 한 고교생으로부터
날아온 편지에 관한 것이다. 내가 업무용 메일함에서
그걸 찾아냈을 때의 기쁨을 온전히 전달하고 싶어
문맥을 맞추기 위한 복잡한 절차는 모조리 생략하겠다.
편지는 두 차례나 다른 주소로 배달되었다가 내 손에
전달되었고, 활기찬 필체로 쓰여 있었다. 다음은 전문을
그대로 옮긴 것이다.

> 게이 선생님께,
>
> 제 이름은 ○○○이고요. ○○○고등학교의 영어 수업 시간에
> 이 편지를 쓰고 있습니다.
>
> 선생님의 시집에서 가장 좋은 시는 치킨싯이 나오는
> 시[143]예요. 저는 치킨싯의 반복과 상징성이 참 좋아요.
> 몇 가지 질문이 있어요. 그 시집 전체를 쓰는 데 어떤 어려움이
> 있으셨죠? 또 얼마나 긴 시간이 걸렸나요? 치킨싯이란 뭘까요?
> 또 한 가지, 저희 선생님도 선생님의 작품을 무척
> 좋아하신답니다.
>
> 진심을 담아.
>
> (4월 18일)

---

[143]. 로스 게이의 시 「Opening」,
chickenshit은 '쓸모없고
한심한 사람'이라는 뜻의 은어

67. 컵 핥기

나는 오늘 나 자신을 발견했다(마치 월트 휘트먼[144]처럼 단호하게 다수성을 주장하는 느낌이라 나는 이 문장구조를 좋아한다). 컵 테두리에 살짝 흐른 커피의 흔적, 그 흐릿한 얼룩을 핥고 있는 내 모습을. 유혹적인 느낌보다는 깔끔 떠는 느낌으로— 일종의 컵 청소랄까. 너구리처럼.

누군가가 이런 행동을 하는 걸 맨 처음 알아차린 것은, 내 친구이자 지도교수인 수전 블레이크와 있을 때였다. 당시 나는 특별 연구생 장학금을 받아 라파예트 대학교에 돌아와 있었고, 우리는 투명 인간[145] 단원을 함께 가르치는 것에 대한 이야기를 나누며 함께 점심을 먹고 있었다. 수전이 자기 커피에 뜨거운 물을 더 부었을 때 우리는 후식을 먹고 있었는데, 아마 호박 파이였던 것 같다. 그 순간 그가 자기도 모르게 컵을 핥아 커피가 흐른 자국을 지우는 것을 보았다. 완벽하게 핥았는지 확인까지 했었는지는 모르겠다. 물론 나라면 핥은 다음 확인까지 했겠지만. 또 그가 컵을 한 번 이상 핥았는지도 기억나지 않는다. 다만 그랬을 거라고 추측하는데, 왜냐하면 내가 그렇게 하는데다 수전은 컵 핥기에 있어 나의 스승이기 때문이다. 내 기억에 조금 궁금하긴 했던 것 같다. 도자기 컵 위로 넓은 혀를 끌며 핥았을 때, 그것이 설마 추파를 던지는 행위였는지.

---

144. Walt Whitman(1819-1892), 미국의 시인. 그의 대표작 「풀잎」은 '나는 나 자신을 축복한다'라는 구절로 시작한다. 이 시의 나는 만물, 자연과 합일되어 있기에 다수다.
145. 허버트 조지 웰스가 1897년에 발표한 소설의 제목

혹시 컵 핥기가 중년의 사람들이 욕망을 전하는 방식
가운데 하나인지.

　　이제 중년이 되어보니, 오히려 정반대의 것들이
걱정되는 것도 놀랄 일은 아니다. 그 어떤 이상한
행동이든 갓 성인이 된 젊은이들, 특히 내가 가르치는
젊은이들에게 추파를 던지는 행동으로 오해받을
소지가 있는 것이다. 게다가 벗들이여, 그건 백전백패의
싸움이다. 이렇듯 장황한 설명을 통해 내가 하려는
말은, 수전이 추파를 던졌을 거라고는 생각하지
않는다는 것이다. 게다가 나의 경우 만일 학생이 있는
장소에서 컵을 핥는다면 아주 몰래 하고, 눈이 마주치는
상황에서는 절대 하지 않는다는 것이다. 당연하다!
수전은— 나에게 자신을 블레이크 교수님으로
부르지 말라고 함으로써 나를 뭐랄까 어른으로
만들어주었다— 인심 좋게 내 논문의 도입부 두 장을
읽더니, 내게 상처를 주려는 의도가 전혀 없는 가벼운
말투로 물었다. 내가 시에 쏟는 만큼 산문에도 시간을
쏟고 있는지를. 그가 60페이지 정도 분량을 돌려주었을
때는 전체가 빨간색 첨삭 표시로 난도질되어 있었다.
지침서도 한 권 건네주었는데, 볼썽사나운 청록색
표지의 『산문 작성법』(제9판)이라는 책이었다. 돌아가신
스승님들께는 어떤 식으로 감사를 드려야 하지?

　　　　　　　　　　　　　　　　(4월 22일)

68. 까딱 인형

주변 분위기 때문인지 이 기쁨만큼 뚜렷이 피상적인 기쁨도 없을 거라는 생각이 든다. 난 지금 일제히 지저귀는 새들의 노래에 둘러싸여 있고, 바로 위의 소나무 가지는 팔을 굽혀 인사하는 듯하다. 또 나무들의 이글대는 듯한 녹색이 안개 낀 아침의 푸르스름한 색과 대비되고 있다. 그러나 사실이다. 나는 까딱 인형을 좋아하고, 지금도 내가 자동차 계기판 위에 올려둔 까딱 인형 하나가 모든 사안에 미친 듯이 동의하고 있다. 어릴 적에는 위블워블[146]도 좋아했던 것 같은데, 적어도 그 광고만큼은 확실히 좋아했다. 아마 그 광고가 내가 그 장난감에 가장 가까이 다가가본 경험이었을 것 같은데, 그 점 하나는 우리 부모님을 칭찬하고 싶다. 내 기억으로 그 장난감의 목적은 아이에게 그것이 그대로 넘어져 있는지 한번 힘껏 쳐보라고 부추기는 것이었기 때문이다. 고약한 장난감 아이디어다.
(구글에서 위블워블을 한 번 검색해 보았다. 내가 혹시 위블워블을 보조[147]라든가 아니면 사람 얼굴이 그려진 내 상상 속 다른 펀칭백들과 혼동하나 싶었기 때문이다. 역시나 고약한 장난감 아이디어들.)

  네 살 때였나, 가족들이 크리스마스 선물로 잡아당기면 늘어나는 고질라 인형을 사주었다. 다른 아이들에게는 고약한 장난감이 아니었겠지만, 나에게

---
146. 오뚝이 장난감의 상표명
147. 어릿광대 모양의 풍선으로 밑에 추가 달려 때려도 오뚝이처럼 일어난다.

그것은 그저 형을 때릴 때 사용하는 고질라 모양의
뭉툭한 물건에 불과했다. 나는 형을 사랑했지만 그때는
그것을 어떻게 표현할지 몰랐고, 그건 아마 전적으로
위블워블 광고 때문이었던 것 같다. 사람 얼굴이 그려진
펀칭백 광고 말이다. 감사하게도 우리 할머니가 나의
무지를 눈치채고는 형이 밑에 웅크려 있고 내가 그걸
휘두르려고 뒤로 치켜들었을 때, 내 손에서 고질라를
낚아챈 다음 그걸로 내 머리를 퍽 치셨다. 세게.
한 차례. (그건 할머니가 농장의 닭들에게 모이를 주고 있는 동안
내가 강아지 스폿의 축 늘어진 점박이 귀를 잡아당겼을 때와 비슷한
교육이었다. 스폿의 비명을 들은 할머니는 우리 쪽으로 성큼성큼
걸어와 내 귀를 홱 잡아당기셨다, 세게. 한 차례.)

    나는 바닥에 쓰러져 눈을 뒤집었다. 그건 차를
탈 때마다 형과 많은 시간을 들여 연습한 기술이었고,
우리는 눈동자의 흰자위만 보일 때까지 열심히
연습했었다. 사람 때리는 일이라면 일가견이 있던, 내가
나나[148]라 부르던 또 한 분의 할머니가 우리 할머니와
소파에 나란히 앉아 높은 목소리로 그래도 싸다고
노래를 부르셨다. 나는 잔뜩 앙심을 품은 나의 곱슬머리
속 미궁 안에서 우리 할머니가 내 이름을 속삭이는
소리를 들을 수 있었다. 물론 애칭으로. 로시, 로시,
그 소리는 점점 커졌고, 나는 그것을 눈을 더 심하게,
심지어 더 오래 까뒤집으라는 격려로 받아들였다. 그
흥미진진한 쇼를 망친 건 엄마의 이 한 마디였다. "아,
제발, 좀 쉬자."

---

148. nana, 미국에서
할머니를 부르는
애칭 중 하나.

종종 유명 선수를 그려넣은 바보스러운 플라스틱 장난감들을 보고 있으면 궁금해진다. 그 장난감 자체가 기쁨을 주는 것일까? 아니면 사람들이란 원래 그처럼 바보 같고, 우스꽝스러운 것에서 기쁨을 느낀다는 사실을 그 장난감이 주기적으로 알려주기 때문일까? 그 장난감들은 아주 보편적인 동심을 떠올리게 하고, 그 동심은 우리의 마음을 누그러뜨린다.

(4월 25일)

69. 젠키

어제는 마당에서 정리를 좀 하고 있었는데(이 경우 정리라는 말은 아주 느슨한 의미로 쓴 것이다) 얼룩덜룩 설익은 열매 수천 개가 빼곡히 달린 수유 덤불이 블루베리 덤불을 거의 다 가리고 있는 모습을 보았다. 나는 몇 년 전 길에서 주워온 흔들의자 하나를 가져왔다. 그리고 덤불을 굳이 잘라낼 필요가 없도록, 그 팔걸이 하나짜리 삐걱대는 심홍색 의자로 햇빛을 독차지하고 있는 수유 덤불 밑을 받쳤다. 그러자 수유 가지들이 흔들의자와 어우러져 마치 정자처럼 보였다. 누가 그 밑에 앉아보겠다면 글쎄, 권하고 싶지는 않지만. 나는 한 걸음 물러나 뺨을 문지르며 내 작품에 감탄했다. 음, 이런 게 젠키한 거지. 배나무 가지들을 친구 브룩의 낡은 아디다스 등산화로—물론 그의 허락도 없이— 폈을 때도 비슷한 느낌이었다. 또 호박과 오이, 수박들에 온실 상자를 만들어주려고 굴러다니는 통나무 하나에 낡은 창문을 기대어놓았을 때도 비슷한 느낌이었다. 아주 젠키했다.

내가 속속 발견하고 있는 텃밭 일의 기쁨 중 하나는 텃밭이 젠키함을 부추긴다는 것이다. 아무래도 활짝 핀 백합이나 체리 덤불에 홀딱 반한 곤충들이 어떤 환각을 불러일으켜 우리가 소비생활을 하지 못하도록 방해하는 것 같다. 텃밭은 우리가 그 안을

계속 기어다니도록, 필요한 것이 있어도 웬만하면
근처에 있는 것 중에서 집어 들게 만든다. 기쁨의 논리가
자본의 논리를 방해하는 것인지도 모르겠다. (여담이지만
우리 모두 잠시 멈추어 의성어 젠키의 훌륭함에 감탄해야 하지
않을까? 왜냐하면 내가 아는 그 어떤 단어도 이것만큼 우리 집 뒤틀린
창고 문에 꼭 어울리는 발음이 없기 때문이다. 또 이것만큼 청 테이프
뜯어내는 소리에 가까운 의성어도 없다.)

확실히 말하자면 젠키에 들이는 나의 노력은,
내게 그 일부를 가르쳐준 우리 부모님에 비하면 미미한
수준이고, 아마 사회적으로 지위가 오른
두 분 입장에서는 왜 아직도 저러나 원통하실 것이다.
이 부분에서 뭔가가 드러나는데, 즉 젠키는 계급과
연관된 호칭이라는 것이다. 여전히 가난의 덩굴손에
사로잡혀 있고, 거기에서 벗어나려고 전력 질주 중인
사람들 사이에서, 젠키는 대개 무일푼인 사람들을
판단하는 척도로 통한다. 무일푼인 상황을 나타낸다는
말이다. 나는 더 이상 무일푼이 아니다. 그러니
여러분이 젠키에 대한 나의 친근감을 복잡하게
해석한다 해도 아마 맞을 것이다. 나는 내가 누리는
특권과 물려받은 유산 양쪽을 모두 인정하는 사람이다.

우리 부모님은 고장 난 물건을 교체라는 따분한
방식으로 고칠만한 시간도, 돈도 없는 거의, 진짜
거의 무일푼이었다. 그러다 보니 청소 트럭이 우리
해치백[149]을 들이받아 금이 갔을 때, 받은 보험금으로는
각종 청구 비용을 내야 해서 자전거용 짐끈으로

---

149. 짐칸과 뒷좌석이
통합된 구조의
승용차

해치백을 수리했다(고정했다). 나와 형의 손목 밴드는 줄무늬 축구 양말의 윗부분을 잘라 만든 것이었다. 시동기가 꽉 끼어버렸지만 완전히 망가지기 전까지는 힘껏 두드려 빼야 해서 좌석 밑에 보관했던 망치. 거의 부식되다시피 한 코롤라 차 바닥에 나사로 박아 넣은 사각형 철판. 명절이면 저녁 식탁 위로 툭 던져지던 합판 한 장. 테이프로 붙인 안경. 신발 수선용 본드. 청 테이프로 붙인 자동차 후드···. 이런 목록이라면 끝없이 이어갈 수 있을 것 같다.

내 생각에, 나는 지금 어떤 혁신이나 혁신의 정신을 옹호하고 있고, 그것은 종종 박탈이나 파산, 혹은 가난이 계기가 되는 것처럼 보인다. 나는 그런 계기 자체는 결코 옹호하지 않는다. 그러나 한 사람이 건조기 내부를 활용해 화덕을 만든다거나 닫히지 않는 건조기 문을 운동용 고무줄로 고정하며 느끼는 기쁨은 옹호한다. 그때의 기쁨은 아마 한바탕 인지 운동을 하느라 솟아난 엔도르핀이 원인일 것이다. 이런 것을 '해결책을 찾아낸다'고 표현하기도 한다. 기껏 이 능력을 잃어버리려고, 우리는 다들 학교에 다니고, 심지어 우리 중 일부는 그토록 오래 다니는 것이다.

(4월 27일)

70. 까마귀의 목욕

좋은 날이다. 우리가 목격하는 유쾌한 것들이 마치 영적인 낭송처럼 들리고, 적어도 좋은 소설의 제목처럼 들리는 날. 혹시 모르지, 나쁜 소설의 제목일지도. 내가 확실히 아는 것은 지금이 졸업 시즌이라 내가 일하는 대학교 캠퍼스에 학사모와 가운 차림으로 분주히 걸어다니는 이들, 분수와 시계탑, 교정의 숲에서 포즈를 취하고 있는 젊은이들이 많다는 것이다. 학교를 상징하는 색의 튤립이 하늘거리는 곳 옆에도 그들이 있다. 정말 농담이 아니다.

우리가 사진 과잉의 시대에 살고 있는 걸 생각하면, 사람들이 하루에 셀카를 몇 장이나 찍는지에 대한 통계가 나와 있는지 궁금하다. 안 찍는 사람들까지 계산에 넣어도, 하루 한 장은 넘지 않을까? 평균적으로 말이다. 그럼에도 청년들과 젊음을 따라하는 비청년들이 당연하게 여기는 거의 자동에 가까운 촬영 준비 자세—그냥 미소만 짓는 게 아니라 비스듬한 옆모습이라든지 특정한 입 모양, 그 밖의 몇 가지 당황스러운 효과들—를 보고 있으면 나에게는 이것이 새롭고 지속적이며 표준적인 기술처럼 다가온다.
(이 관찰을 더 정확히 묘사한 문장을 세라 망구소의 책에서 확실히 인용할 수 있을 텐데, 내 『300개의 단상』 책이 어디에 있는지 모르겠다.) 나는 혁명이 일어날 것이라고 상상해 본다.

몇몇 사람들, 즉 청년들과 젊음을 따라하는 비청년들이 《인터뷰》에 실릴 법한 포즈를 버리고, 뭔가 다른 포즈를 취하는 것이다. 그러면 펩시나 나이키가 혁명에 가담한 그들보다 신선함을 더 빨리 눈치채고 대중에게 팔겠지.

    캠퍼스 안을 느릿하게 흘러가는 계곡의 보행자용 나무다리 위에서, 사람들의 보편적인 행복을 외면한 채 이런 생각에 잠겨 있을 때였다. 사람들은 사진을 찍고 축하를 건네느라 웃으며 서로를 가리키거나 붙잡고 있었고, 팔짱을 끼고 선 두 사람의 가운이 바람에 펄럭이자 한결 더 크게 깔깔대다 날아간 모자를 주우러 달려갔다. 그때 나는 칠판지우개를 두드려 터는 소리, 뒤이어 큰 박수 소리처럼 들리는 어떤 소리를 들었다. 돌아서자 계곡의 낮은 지점에 까마귀 한 마리가 서 있는 게 보였다. 새는 부리를 물에 담근 채 날개로 수면을 세게 내리치고 있었다, 한 번, 또 한 번, 철썩, 철썩, 철썩, 철썩, 철썩. 물론 나는 그것을 이런 의미로 받아들였다. 자, 고개를 들고 삶의 기쁨을 좀 바라보라고.

(5월 1일)

71. 동상의 손에 들린 꽃들

내가 앞서 기쁘지 않은 사례로 언급했지만,
우리나라에서 총을 든 공공 조형물을 보는 일은 흔하다.
총으로 장식한 남성의 조각상. 총으로 장식한 백인
남성의 조각상. 여러분은 아마 공공 광장이나 시청,
법원 근처에서 이를 눈치챘을 것이다. 그런 조형물들의
목적은 어떤 문화적 가치가 조용히 흘러가버리지
않도록 뚜렷이 밝혀두는 것이다. 그리고 이 모든 것은
내가 오늘 학교에서 호기 카마이클[150]의 동상 앞을
지나치다 느낀 기쁨을 증폭시킨다. 동상은 피아노를
끌어안듯 몸을 숙이고 있었는데, 아마 'stardust'나
'Heart and Soul'의 화음을 연습하는 듯했다.
모자는 뒤쪽으로 비스듬히 기울어 있고, 피아노 덮개
위로 뻗은 움켜쥔 손은 꽃 한두 송이를 꽂을 수 있을
만큼 벌어져 있었는데, 어떤 한 사람 혹은 여러 사람이
자신들이 뭐라도 해야 한다고 판단했던 것 같다.

그들은 근처 꽃밭에서 훔쳐왔을 법한 폭발하듯
굵직한 알리움을 그의 부드러운 손아귀에 꽂아두었다.
알리움은 여러모로 의외의 면모가 많은 꽃이지만,
이 경우에는 마법의 지팡이처럼 마술적인 동시에
의도적으로 비폭력성을 강조한 지휘봉처럼 보였다.
다른 꽃도 있었는데, 이름은 모르지만 아주 작은 보랏빛
꽃송이들과 노란 꽃들이 흐드러져 있었다. 이 모든

---

150. Hoagy Carmichael(1899~1981),
　　　미국의 가수, 피아노 연주자. 인디애나 대학교에
　　　동상이 있다.

꽃들이 한데 어우러져 호기에게 그저 가운데에 지휘봉이 꽂힌 부케가 아닌, 모양과 색이 조화로운 아름다운 부케를 선물하고 있었다.

    이를 보며 나는 우리가 얼마나 자주, 실제로, 동상과 유명 인사들을 꽃으로, 때로는 동전이나 과일로 꾸미고 싶어 하는지 떠올렸다. (나는 조각가가 만든 것, 다시 말해 총책임자의 지시에 따라 만든 것 말고는 총으로 장식한 공공 조형물을 본 적이 없다. 그 책임자는 분명 부유한 유명인과 무기상 간의 연합으로부터 매우 근시안적인 이득을 취하고 있을 것이다.) 조형물의 주인공이 누구인지와 무관하게 그것을 꾸미려는 충동이야말로 어떻게든 아름다운 것과 향기로운 것을 나누려는 우리의 성향, 본성을 보여주는 증거, 확실한 증거가 아닐까. 세상으로부터 꽃다발 하나, 혹은 꽃병 하나를 만들어내려는 본성.

(5월 2일)

72. 충분한 공중화장실

이 기쁨을 통해 뉴욕시에 인간의 존엄을 훼손할 만큼
공중화장실이 부족하다는 점을 감쌀 생각은 없다.
그것은 총체적 실패이자 부주의의 결과다.
그 무자비함은 실제로 미국이라는 나라가 왠지
사람보다는 재산을 중시하는 나라라는 생각을 하게
만든다. 또 나는 다들 좋지 않은 경험을 해 본 친구 한
명쯤은 있을 그 도시의 특징, 즉 '화장실 박탈'에서
시작된 이번 기쁨이 '박탈 자체에 대한 기쁨'이 되는
건 원치 않는다. 물론 그 박탈, 그리고 박탈 자체를
박탈하거나 완화하는 것이 기쁨의 원천 중 하나일지는
모르겠다. 원천이라는 단어는 맞지 않는 것 같고,
기쁨을 비추는 조명 중 하나, 기쁨을 들추어내는
존재들, 기쁨을 간지럽히는 존재들? 기쁨이 시작되는
방식을 설명해줄 단어를 찾고 있는 것인데, 쉽게 말하면
기쁨은 촉진되거나 깨어난다.

그리 오래된 일은 아닌데, 어느 날 나는 상자형
화단을 만들려고 동네 철물점에서 목재를 좀 사고
있었다. 멜론의 계절인 여름이었고, 1년 중 나의
수분함량이 가장 높아지는 시기였다. 각목들을 차
안으로 밀어 넣던 나는 정말, 뭐랄까 당장 소변을
봐야겠다는 느낌이 들었다. 그러나 무슨 이유인지
화장실을 좀 쓰겠다고 부탁하는 게 쑥스러웠고,

때마침 에스프레소도 한 잔 마시고 싶던 참이라 모퉁이 빵집에 차를 대면 되겠다고 판단했다. 그러나 주차장이 꽉 찼을 거라는 예상은 하지 못했다. 이제 상황은 끔찍해졌다. 정말로 끔찍했다. 나는 근처에 볼일을 볼 만한 폐건물이라든가 나무들이 살짝 우거진 곳이 없나 둘러보기 시작했다. 그러나 불행히도 시내 한복판이라 적당한 장소가 없었다. 늘 수고가 많은 어떤 생리작용이 요도를 단단히 틀어쥔 덕분에, 내 등 한 가운데와 아래쪽 근육들이 슬슬 뻣뻣해져 왔다는 것은 말할 것도 없다. (내 친구 한 명은 로펌 신입 사원 시절에 도저히 참을 수 없을 만큼 오줌이 마려웠는데, 회의가 끝날 기미가 보이지 않았다고 한다. 결국 끝날 때까지 아주 긴 시간을 참은 그는 화장실로 달려가자마자 바지에서 물건을 꺼내다가 기절해 버렸다. 나는 이 일화를 결코 잊지 못할 것이다.) 더구나 우리 동네는 크지 않고, 나는 공적인 직업을 가진 사람이었다. 패밀리 비디오 옆 주차장에 차를 댈까 하다가 패스트푸드점 그라임스에서 훤히 보이는 그 벽에다 내 고충을 해결하면, 거기 있던 한 명, 하필이면 예전에 C 마이너스를 준 학생이 내 선정적인 방뇨 장면을 어딘가에 올리려고 휴대폰을 꺼내 들겠지 싶어 포기하기로 했다. 나는 대신 차 안에서 바지에다 해결하는 쪽을 택했다. 차 안에서, 바지에다, 팬티에다 쉬하고 또 쉬했다. 그리고 약간 더 쉬했다.

좀 전의 택했다는 표현은 엄밀히 말해 우연은 아니었던 일을 실제에 비해 더 내 의지로 한 일처럼 보이게 만든다. 물론 볼일이 급해 사색이 된 채

운전하는 건 위험하기에 내 선택을 받아들인 측면도
있지만. 여하튼 차에서 쉬하는 게 기쁨이었던 것은
오줌을 몸 안에 담고 있어야 하는 정신적, 육체적
고통이 줄어들었기 때문이었다. 그건 화장실을
박탈당한 상황이 박탈된 것이었고, 내 스바루 차의 비닐
시트가 수분을 잔뜩 머금은 오줌 웅덩이가 되어버린
상황에서 누리는 기쁨이었다. 즉, 애초의 박탈—쉬를
해야 하는데 그럴 곳이 없는—이 없었더라면 일어나지
않았을 일이었다. 안다, 안다, 좀 부끄럽지만 이 짧은
글은 내가 해답을 찾도록 돕고 있는 중이다. 나는
충분히 이해한다. 이 기쁨, 그리고 이제 여러분에게
이런 일을 기쁨으로 여기자고 호소하는 것처럼 보이는
내용이 이어질 텐데, 이 모든 게 여러분에게는 기쁨이
아닐 수도 있다. 그러나 기쁨이란 게 원래 그렇게
주관적인 면이 있다. 그럼에도 빛나는 걸 보면 말이다.

    그러니까 내가 뉴욕의 그리니치빌리지에 있을
때의 일이었다. 나는 이번에도 수분을 충분히 머금게
되었는데, 이번에는 커피였고, 역시나 화장실이 없었다.
내가 바리스타에게 방금 그 잘난 아메리카노 한 잔에
4달러 50센트를 쓴 곳에서 쉬를 할 수 없다면 대체
어디서 소변을 보느냐고 물었더니, 길 건너편 공원을
가리켰다. 거기에는 이동식 화장실이 있었다. 안으로
들어가 보니 기대 이상으로 깨끗했다. 볼일을 보는데,
변기가 입식인 데다 내 키가 큰 편이라 처음으로 이동식
변소 높은 곳에 밖을 내다볼 수 있는 망이 있다는

사실을 알게 되었다. 나는 마치 고해소 안에 있는
신부처럼 바깥을 내다보며 신자들이 지나다니는 모습을
보았고, 가까운 성당에서 정오를 알리는 종이 울리기
시작했다.

(5월 8일)

73. 모르는 이들의 손 인사

오늘은 손 인사를 두 번이나, 그것도 모르는 이들에게 받아 무척 기뻤다. 그건 낯선 이들이 건네는 어딘가 평온하고 따뜻한 인사로, 인구가 고작 559명이던 미네소타 번데일 외곽의 시골길을 달리며 우리 할아버지에게 배운 인사였다. 할아버지는 트럭이나 승용차의 운전자들과 스쳐지나갈 때마다 빳빳한 존 디어 야구 모자의 챙까지 손가락 두 개를 들어 올린 다음, 마치 지금껏 던진 커브볼 중 가장 부드러운 공을 던지는 것처럼 허공에 날렸다. 그건 소박하고 우아한 손 인사였고, 모자를 살짝 들어 올려 인사를 건네던 옛 시절을 떠올리게 했다. 중절모가 있던 시절, 이웃 사랑이 있던 옛날. 그런 게 지금도 실제로 있다는 것을 내게 손 인사를 건넨 낯선 이들이 입증해준 셈이다.

어릴 적에는 할아버지가 번데일 지역 사람들을 전부 안다고 생각했다. 그런 생각도 무리는 아니었던 게, 형과 내가 살았던 아파트 주민수만 해도 번데일 인구의 서너 배는 되었고, 할아버지는 평생 번데일에 살았기 때문이다. 게다가 실제로 해보지는 않았지만, 우리 아파트 사람들 거의 모두에게 손 인사를 건넨다는 게 내겐 상상이 가능한 일이었다. 모든 세대에 《피기 백 쇼퍼》[151]를 배달했었기 때문이다. 노크하고 도망치는 장난을 친 건 말할 것도 없고. 그러나 할아버지의

---
151. 쇼핑 정보지의 이름

손 인사가 한층 더 인상이었던 건, 그걸 와데나와 스테이플스 너머, 뉴욕밀스와 알렉산드리아[152] 너머의 시골 도로에서도 계속 했기 때문이다. 할아버지는 마치 외교관 같았다. 아래로는 세인트클라우드부터 위로는 덜루스까지 내내 손 인사를 했다. 우리가 커비 퍼켓과 켄트 허벡[153]이 출장하는 경기를 보러 갔을 때에도 할아버지는 지나치는 모든 도시들에 손 인사를 했다. 그러나 폴 버니언과 파란 황소 베이비[154]를 보러 갔던 브레이너드에서 할아버지가 우리에게 해준 손 인사만큼 그 명성을 입증해 준 것은 없었다. 할아버지가 그들을 보며 모자챙에 손을 대자, 그 거대한 조형물들이 이렇게 대답을 했다. "펜실베이니아주 랭혼에서 온 매슈와 로스 게이를 환영합니다." 우리 할아버지, 버질 시턴은 미네소타 주지사나 다름없었다!

(5월 11일)

---

152. 번데일을 기준으로 각각 북서쪽, 남동쪽, 더 먼 북서쪽, 더 먼 남서쪽에 위치한 동네들이다.
153. 미국의 메이저리그 야구 선수들. 미네소타 트윈스 소속이었다.
154. 민담에 나오는 거인 나무꾼과 그의 친구 황소. 브레이너드는 폴 버니언의 고향을 자처하는 여러 도시 중 하나로, 말하는 조형물이 있다.

74. 낫 포 너싱[155]

살면서 발음기호가 필요하다고 생각한 표현이
있었다면, 그건 '낫 포 너싱not for nothing' 혹은
'낫 퍼 너틴not fuh nuttin'이다. 이건 내가 살고
있는 지역, 넓게 잡아 대 델라웨어 밸리의 지역색 중
내가 좋아하는 것이다. 아마 이곳은 중부 대서양 주의
북부에 속하겠지만, 내가 북동부라고 할 때는 보통 이
지역을 뜻한다. 말할 때도 "저는 북동부 출신입니다",
혹은 "저는 북동부인입니다"라고 하는 게 익숙하다.
그건 언어생활에 있어서 특정 맥락에서는 'you'의
적절한 복수형이 'yous'라는 뜻이다. 해변beach을
해안shore이라고 부르며 우더wooder[156]에서 수영을
하러 그리로 내려간다는 뜻이다. 또한 "진짜 필리
사나이"라는 표현을 써왔다는 뜻이다. 이 표현의
유래는 짐작건대 록키[157]와 연관이 있는 듯하지만,
베테런스 스타디움에서 눈 뭉치를 마구잡이로 던지는
악명 높은 산타를 말하는 것일 수도 있다. 그와 싸우지
마, 왜냐하면 이기더라도 물린 자국이 생기거나 평생
다리를 절게 될 거야, 같은 뜻일 수도 있다. 또한
낫 퍼 너틴을, 강조하는 의미의 접두사처럼 사용한다는
뜻이다. 내 친구 세라는 마치 돈이라도 받나 싶을 만큼

---
155. 의견을 얘기할 때 관습적으로 쓰는 표현으로,
'괜히 하는 말이 아니고'(그럴 만한 이유가 있다)
정도의 뜻
156. 물water의 필라델피아 사투리 발음
157. 필라델피아는 영화 〈록키〉 시리즈의 배경이 된
지역이다. 주인공이 시합을 앞두고 체력 훈련을
하는 곳이 필라델피아 미술관 정문 앞 계단이다.

그 표현을 자주 쓰는데, 볼티모어 지역의 아름다운
아일랜드 사투리로 낫 퍼 너틴, 낫 퍼 너틴을 사방에
날리면서 그릴 위의 애호박과 두부, 가지, 할라피뇨가
지글지글 익어가는 모습을 지켜본다. 만일 여러분이
이 표현을 잘 모른다면, 그건, 그렇다면, 문자 그대로
'무언가를 위한'[158]이라는 뜻이 되어 버린다. 혹은
알아둬라, 이걸 모르면 비건은 물론 채식주의자가
낫 퍼 너틴이라는 표현을 쏠 일이 유니콘을 발견하는
것[159]만큼 희귀하다는 비유도 이해하기 힘들다. 이건
그냥 내가 운이 좋다고 생각한다는 얘기다. 이건 그냥
비둘기 방지용 못이 녹슬어 떨어진 창턱에 겨우 둥지를
튼 비둘기처럼 내 마음이 구구거린다는 얘기다.

(5월 12일)

---

158. 'not for nothing'을 직역하면 '아무것도
 아닌 것을 위한 것이 아닌'이니 '무언가를
 위한'이 된다.
159. 그만큼 힘들다는 뜻으로 여기서는 채식주의자가
 강조접두사를 써서 선택할 음식이 드물다는
 뜻이다.

75. 덩굴식물…기쁨일까?

텃밭을 가꾸는 이들이 이 글을 읽는다면, 해로운 침략자이자 생명을 파괴하는 그놈의 덩굴식물을 기쁨으로 바꾸려한다며 내 목에 덩굴식물을 칭칭 감고 목구멍에 제초제를 부으려 들 것이다. 조금 과장한 것일 수도 있겠지만 그렇다고 달라질 것은 없다. 덩굴식물을 기쁨으로 다루는 일은, 그 신물 나는 '물병에 물이 절반 남아 있는 상황'이기 때문이다. 그래도 나는 지금 이렇게 시도하고 있다. 새로 심은 속살이 달큼한 단호박— 맞다, '속살이 달큼한sweet meat'이라고 한번 웃지 않고 발음해 보길— 다섯 줄기가 있는 흙무더기에서 덩굴식물을 뽑아 장작더미 옆으로 치우느라 20분 가까이 진을 빼고도 말이다. 흙무더기에서는 벌써 내가 심은 메밀과 클로버의 새순이 올라오고 있는데, 곧 주변을 완전히 뒤덮을 단호박 잎과 합세하면 그 덩굴식물을 밀어낼지도 모른다. 나에게서 덩굴식물과 살고 싶지 않다는 욕망을 보았다면 잘 본 것이다. 그러나 내 안에는 덩굴식물과 살아가려는 욕망 역시 존재하고, 나는 함께 잘 살아가고 있다.

    나는 화살촉 모양의 식물과 어딘지 파충류 같은 식물을 조심스레 흙에서 당긴다. 그대로 두면 감싸거나 휘감으며 기어오를 무언가를 찾아낼 것이다. 뿌리까지 하얗게 온전히 흙에서 빠져나오도록 싹을 살살 당기고 있으면 어딘지 모르게 사랑스러운 느낌이 든다. 그것들을 주머니에 넣을 때는(내 주머니에는 항상 덩굴식물이 들어 있다) 뭐 하나라도 떨어뜨리지 않도록 조심한다. 혹시라도 다시 뿌리를 내려, 민담에 나오듯이 자고 있는 아이들의 목을 조르지 않도록. 나는 종종 손을 짚고 무릎을 꿇은 채로 이 일을 한다. 덩굴식물이 없나 내 텃밭을 훑어보며 이쪽의 밀짚을 들추어보고, 저쪽의 콜라드 잎들도 들추어본다. 그러다 보면 벌레들이 상추는 건드리지 않았지만, 양배추는 갉아 먹고 있다는 사실을 발견하게 된다. 파슬리가 막 두툼해지기 시작했다는 것과 감자 줄기 밑동에 흙을 더 북돋워줘야겠다는 것도 깨닫는다. 동시에 밭에서 긴 덩굴식물 한 줄을 뽑아낸다. 콩들은 아무래도 계속 비가 오는 바람에 엉망이 된 것 같다. 때로는 싹을 당기다 줄기가 끊어져 전체를 꺼내려 흙을 파면, 흙 속으로 굴을 파고 기어드는 벌레를 발견할 때도 있다.

    만일 내가 좀 정신이 없거나 서둘러야 한다는 생각에 텃밭을 대충 보며 지나간다면, 덩굴식물의 작은 싹들이 날 향해 큰 소리로 노래를 부를 것이다. "텃밭에 더 있어줘요! 텃밭에 더 있어줘요!" 그러면 나는 종종 해야 할 일이 있는데도 부탁을 들어준다. 돌아와 손을 짚고 무릎을 꿇은 채 내 엄지와 검지로 새로 자란 덩굴식물을 대가 없이 애무해 준다. 우리는 모두 빛을 찾아 주변에 뿌리를 내린 존재들이다.

(5월 13일)

76. 재수 없는 놈

형이 아홉 살, 내가 일곱 살 때였나, 덩치 큰 아이 하나가(이런 설명은 이제 예전만큼 무게감을 지니지 않는데, 그때는 정말로 아이들이 어른의 지도나 감독 없이도 야외로 나갔고, 때때로 큰 아이가 작은 아이를 따가운 덤불에 집어 던지거나 하수구에 빠뜨리곤 했다) 숲에서 우리를 붙들더니 팔꿈치 뒤를 꼬집어 우리는 결국 욕을 하고 말았다. 그건 당시 우리가 동네 사람들에게는 단호하게, 좀 유별날 정도로 안 하던 짓이었다. (돌이켜보니 우리가 그때 고상한 언어 습관을 지키면서 약간 우월한 듯 행동했었는지 궁금하다.)

"개새끼!" 우리는 아파트 뒤 숲속에다 비명을 질렀다. "역겨운 새끼!" 덩치 큰 열두 살짜리 아이가 팔꿈치의 살을 비트는 바람에 우리의 얼굴은 눈물로 번들거렸다. 집에 돌아와 울고불고하며 엄마한테 이르자(형은 욕한 것보다는 꼬집힌 것을 강조했는데, 내 생각에는 변명할 거리가 있어 신이 났던 것 같다) 엄마는 녀석을 찾아내어 엄중히 질책했다. 녀석을 욕쟁이라 부르며, 로시와 매티[160]는 너처럼 어린 욕쟁이가 되지는 않을 테지만, 너는 자라면 아마 아동 성추행범이 될 거라고 악담을 했다. 엄마는 녀석의 혼을 쏙 빼놓았다. 나는 그 애가 엄마를 '게이 부인'이라 부르며, 자신은 절대 아동 성추행범이 되지 않겠다고 아주 조용히, 고분고분하게 약속하던 모습이 기억난다. 그 애의 말은 아마

---
160. 저자 로스와 형 매슈의 애칭

사실이었을 것이다. 그는 그저 열두 살 무렵의 나와 다를 바 없이, 가학적인 시기를 보내고 있었을 것이다.

    그나저나 나는 보통 이 일화를 우리 엄마가 뭔가를 너무 쉽게 내뱉어 우스울 때 배경으로 꺼내는 편이다. 엄마는 당신의 손녀이자 내 조카인 아이의 3학년 담임, 분명 가끔은 일부 아이들에게 마냥 다정할 수만은 없을 그를 이렇게 묘사했다. 진짜 재수 없는 놈이라고.

(5월 14일)

77. 가끔은 애매한 표지판

나는 그런 사람이 되고 싶지 않다. 오타나 문법적 오류가 있는 표지판을 보며 우월감을 느낀다거나, 화를 내거나, 혹은 당치도 않게 비웃는 사람 말이다. 특히나 그 표지판이 영어학과에 있는 게 아니라면 더더욱 그렇다. 아마 내가 무슨 말을 하는지 알 것이다. 나는 교육자 집안 출신이고, 가족 중 상당수가 흑인 교육자였다. 우리 아버지는 공식적인 흑인 교육자는 아니었지만 비공식적으로 집안 조상에게서 말버릇을 고쳐 주는 반사 신경을 물려받았는데, 역설적이게도 그 대상은 종종 이 어린이였다.

> 나: 아빠, 25센트만 줄래요?
>> Dad, can I have a quarter?
>
> 아빠: 무슨 소리지? 뭘 달라고?
>> I don't know, can you?
>
> 나: 무슨 말인지 모르겠어요.
>> I don't understand.

이 가르침은 알다시피, *may I*로 시작하는 문장에 대한 것으로, 내가 영국 악센트로 말하지 않는 한 절대, 결코 배운 티를 내지 않는 가르침이다.

그 대신 내가 확실히 배운 감정은 '걱정'이다.

누군가 자신의 아이, 아마 가장 두드러지게는
검은색이나 갈색 피부를 가진 아이가 '부적절한'
영어로 말하고, '부적절한' 색의 옷을 입고,
'부적절한' 예절을 보이고, '부적절한' 취향을 드러낼
때 할 수 있는 걱정. 나와 우리 아버지에게 그건 흑인의
스타일이나 태도, 즉 흑인의 사고로 행동한다는
뜻이었다. 그건 실제로 검은색이나 갈색 피부를 가진
아이가 흑인의 사고로 인지되고 있다는 뜻이었다. 우리
아버지에게 그것의 미래란, 비록 솔직하게 얘기하는 걸
들은 적은 없지만, 두려움이었을 것이다. (여기서 잠깐
멈추어 마고 제퍼슨[161]의 눈부신 책 『니그로랜드Negroland』를
추천하겠다.)

    그 두려움은 우리 아버지가 내 붐박스[162]에서
NWA[163]의 '100 Miles and Runnin' 테이프를 꺼내어
쓰레기통에 버린 이유를 설명해 준다. 그 말과 행동이
일치하는 몸짓은 '너는 그 노래 가사처럼 도망칠 일은
없어'와 '너는 네 엉덩이를 걷어차는 내 발로부터
도망치고 있을 거다' 사이의 무언가를 의미하지만,
내가 이지 이[164]와 친구들을 구출하느라 축축한
쓰레기 틈을 뒤지며 스스로에게 솔직하게 행동하고[165]
있었을 때, 내 안에 각인된 것까지 설명해주지는
못한다. "may I를 쓰는 법만 알아도 너는 덜 도망
다니게 될 거다." 그것이 아버지가 실제로 전하려

---

161. Margo Jefferson(1947~), 미국의 작가, 학자
162. 들고 다닐 수 있는 커다란 카세트테이프 플레이어
163. 미국의 힙합 그룹
164. Eazy-E(1964~1995), 미국의 래퍼이자 음반
    제작자로 NWA의 리더
165. Keep it real. 힙합에서 자주 쓰는 말이기도
    하다.

한 의미였다. "그리고 ain't[166] 같은 표현은 아예 생각조차 하지 말아라." 아버지는 그건 아무리 말해도 과언이 아니라고 여겼는데, 나도 나이가 들수록 과언이 아니라는 걸 더더욱 실감하게 된다. 아버지는 흑인을 겨냥한 공공연하고도 은근한 혐오의 긴 목록에 우리를 적응시켜, 우리를 육체적으로, 정신적으로 살아 있게 하려고 애썼던 것이다. 아버지는 우리의 흑인다움이나 흑인의 사고가 눈에 띄지 않게 하려고 애썼고, 그게 완벽히 가능하지 않다는 사실도 분명 알았을 것이다.

아버지는 비정할 정도로 보호 본능이 강했던 건지도 모른다. 가령 우리 아파트 단지의 10대 스킨헤드 무장대가 날 바닥에 꼼짝 못하게 짓누른 뒤 내 얼굴에 담뱃불을 들이댔다고 그 애들을 반쯤 죽여놓았을 때. 혹은 《피기 백 쇼퍼》를 배달하던 중 내게 달려든 개를 의식을 잃을 정도로 밟아놓으려 했을 때. 그러나 내 생각에 그중 최고는, 내가 무슨 침입죄로 소환장인지 뭔지를 받아 흄빌 지방법원에서 변호를 해야 했을 때, 아버지가 함께 있어주었던 일이다. 나는 제한구역에서 썰매를 타는 바람에 수갑을 차고 경찰차 뒷자리에 타게 되었다. 내가 판사에게 소방 구역의 언덕으로 가며 아무런 진입 금지 표지판을 보지 못했다고 하자, 경찰관은 "너 글은 읽을 줄 아니?"라고 물었다. 그러자 아버지는 나를 대신해 "그럼요, 그 애는 읽을 줄 압니다"라고 대답했다. '이 개자식아'라는 뉘앙스가 느껴지는 목소리 톤으로.

---

166. am[are, is] not 등의 줄임말로 지금은 많이 쓰지만, 예전에는 정식 교육을 못 받은 사람의 말이나 사투리로 통했다.

이 글은 옆길로 샌 이야기라고 부르는 게 좋겠다. 거의 의식의 흐름대로 썼기 때문이다. 그래서 대신 내가 묵고 있는 방 안의 벽난로 옆에 있는 유쾌한 안내문으로 마무리할까 한다. 어쩐지 하려던 얘기와 연관이 있는 느낌이 들기 때문이다. 안내문에는 이렇게 적혀 있다. 한 편의 하이쿠처럼.

        벽난로
        고장
        감사합니다

(6월 5일)

78. 심장 대 심장

나는 나 자신이 제법 유능하다고 생각한다. 나는 나무 심는 법을 알고, 썩 괜찮은 운송업자다. 어디에 가든 대체로 먹을 수 있는 식물을 찾아내고, 망치질도 그런대로 잘한다. 만족스러운 타이피스트(키보디스트)이고 나쁘지 않은 춤꾼이다. 또 보통은 내 업무도 꽤 괜찮게 해낸다. (끼어드는 기쁨: 수십 년간 우리 대학에서 학생들을 가르치다 내가 오기 몇 년 전에 은퇴한 우리의 위대한 번역가 중 한 명이 후배 동료에게 해준 충고가 있는데, 그 후배가 나에게는 선배이다 보니 충고가 아닌 일화로 전해졌다. 즉, 다시는 초대받지 않게 다음 위원회 연구 과제를 실수투성이의 난장판―이건 나의 번역―으로 하라는 것이었다. 그건 다른 종류의 유능함이 아닐까 싶다.) 또 내가 상당한 운동 능력을 보여 왔다는 건 두말할 필요도 없다. 그중 일부는 부모님이 물려주신 것이고, 일부는 직접 하키색[167]과 알리[168] 등으로 갈고닦은 것이다.

그래서 더 놀랐다. 내가 친구 마이클을 안아주려고 다가갔을 때(맞다, 또 다른 포옹의 기쁨) 그의 팔과 나의 팔이 부딪치는 자세였고(그는 왼팔을 들고 오른팔은 내린 반면, 나는 오른팔을 들고 왼팔은 내렸다), 그래서 좀 어색하게 왼팔을 들고 오른팔은 내리는 자세로 바꾸었건만 그런 식으로 포옹을 즐기다가 거의 발목을 삘 뻔했다. 나는 내가 몹시 당황했다는 것, 제대로 해내지 못했다는 것에

---
167. 여럿이 하는 일종의 제기차기 같은 게임
168. 스케이트보드나 스노보드와 함께 뛰어오르는 기본적인 기술

놀랐다.

　　이번 기쁨은 몸과 마음이 경직되었다는 사실을 드러내는 경고와 관련된 것이다. 왜냐하면 껴안을 때 자세를 조정하는 것쯤은 나에게는 어려운 일이어서는 안 된다고 생각해왔기 때문이다. 특히 포옹 분야라면 나는 다음으로 미루거나 거절하는 상대에게도 잘 적응되어 있다. 항상 그런 건 아니지만, 가끔 이런 식으로 순종적으로 행동하려고 하는데, 아마 어느 정도는 내 몸집 때문인 것 같다. 알다시피 내 몸집은 꽤 큰 편이고, 나는 그 사람[169]처럼 되고 싶지 않기 때문이다. 나는 정말 그 사람을 참을 수가 없다.

　　내가 이런 특별한 유형의 당황스러움을 처음 맞닥뜨린 것은 친구 에런과 있을 때였다. 그는 기발한 농담도 잘 만들어내지만, 언제나, 언제나, 왼쪽 뺨이 왼쪽 뺨에 가도록 껴안는다. 보통 하듯이 오른쪽 대 오른쪽과는 정반대로 말이다. 심장들을 서로 맞닿게 하는 최첨단의 방식이랄까. 그가 맨 처음 나를 그렇게 공격했을 때 그의 심장 대 심장 원칙이 어찌나 확고하던지 나는 내 목을 비틀었다. 게다가 에런은 포옹을 오래 한다. 나는 이제 안다. 다치고 싶지 않다면 내 심장을 먼저 내미는 게 낫다는 것을.

(6월 7일)

---

[169] 이 무렵 도널드 트럼프 대통령이 누구든 우악스럽게 포옹을 해 눈총을 사는 일이 있었다.

79. 조심: 다리 위에 벌 있음

미들베리 시내의 다리 한 곳을 건너가던 중, 나는 스무 마리에서 서른 마리는 될 법한 벌들이 내 왼쪽, 허리 높이의 난간에 떼 지어 있는 걸 발견했다. 잠시 지켜보던 나는 벌들이 뭔가 끈끈한 것 주위를 기어다니고 있다는 사실을 알게 되었다. 처음에는 그저 어떤 아이가 다리 밑으로 흐르는 강을 내려다보다가 흘린 버터스카치 시럽을 벌들이 게걸스레 먹고 있는 거라 생각했다. 그러나 곧 벌들이 난간의 바깥쪽, 자매들이 버터스카치를 먹고 있는 아래쪽으로도 오간다는 것을 알아챘다. 다리 끝 쪽에 있는 철제 비상계단 위로 몰래 올라가서 봤더니, 아니나 다를까 벌떼의 출발점으로 보이는 덩어리가, 난간의 석재 덮개가 만든 작은 처마 밑에 모여 있었다. 때마침 빗방울도 떨어지기 시작하는데 처마가 비좁아 보였다. 벌떼는 대략 너프 미식축구 공 크기였고, 내 눈 앞에서 천천히 정점을 향해 불어나고 있었다. 한 마리의 벌이 다른 벌 등에 앉고, 그다음 벌, 그다음 벌이 차례로 가세했다.

한 마리가 서너 번 내 쪽으로 오더니 한 번은 내 손 위에 앉기도 했다. 그러나 대부분의 벌들은 관심을 다른 곳, 주로 벌떼와 위쪽 버터스카치에 두고 있는 것처럼 보였다. 양봉가가 이 벌떼를 포획하러 올지 궁금했던 나는 양봉가에게 연락할 방법을 알아봐야 하나

느슨하게 생각해 보다가, 표지판 하나를 들고 내 쪽으로 걸어오는 야광 조끼 차림의 시 공무원에게 주의를 빼앗겼다. 그가 더 가까이 다가오자 표지판의 글씨를 알아볼 수 있었다. 이렇게 적혀 있었다. **조심: 다리 위에 벌 있음**.

훌륭한 독자들이여, 나는 동네에서 한 과수원 공동체와 일하고 있고, 인근 학교 중 한 곳에 미니 과수원을 만들 수 있을지 논의한 적이 있다. 학교법인은 항상 우리의 제안을 거부했는데, 그들은 주로 꽃이 벌을 끌어들일까 우려했다. 그에 대한 책임소재가 거절의 이유였다. 맞다, 그건 터무니없는 생각인데다, 이 사랑스럽고 꼭 필요한 생물을 레이드 살충제로 다루는 게 최선이라 생각하는 입장과 겨우 반보 차이다. 반보. 게다가 아이들에게 벌에 대한 두려움을 가르칠수록 그 거리는 더 줄어든다.

방금 전에 만난 어떤 사람은 자신과 남편이 낡은 농장 한 곳을 사용하려고 수리하다가 벽난로 뒤쪽에서 윙윙대는 소리를 들었다고 했다. 그들은 회반죽과 나무 뼈대의 갈라진 틈에서 벽 속의 커다란 벌집을 발견했다. 들보 사이에 거대한 야수의 허파처럼 들어앉은 어마어마한 벌집이었다. "그게 그 애들의 집이었어요"라고 그가 말했다. 자, 벌들은 꽃 속에 엉덩이를 밀어 넣고, 과일을 낳으며, 꿀을 토해낸다. 우리는 뭘 하지?

좀 전의 공무원은 '벌들도 우리처럼 이곳의

일원입니다'라고 적힌 표지판을 펼쳤고, 행인들이 읽을 수 있도록 방향을 맞추었다. 그리고 우리는 각자 말없이 갈 길을 갔다.

(6월 8일)

80. 기내의 토마토

토마토 묘목을 든 채로 공항을 거쳐 비행기에 타보기
전까지 결코 알 수 없는 것 중 하나는 그 모든 과정이
마치 아기라도 안고 가듯 사람들을 미소 짓게 한다는
사실이다. 조용한 아기. 나도 오늘에야 알았다. 친구
마이클이 지름 10cm짜리 플라스틱 모종 화분에 담아 준
7~10cm의 토마토 묘목을 어떻게 하면 집까지 가져갈지
궁리하느라 히죽히죽 웃으며 묘목을 옮겼기 때문이다.
처음에는 어쩐지 부적절한 행동처럼 느껴져—토마토를
아기에 비유하는 것 말고, 토마토를 비행기에 들고
타는 것—검색대를 통과하기 전 가방 안에 슬쩍 밀어
넣었는데, 결국 보안 요원들이 검사를 위해 내 가방을
끌어내게 되었다. 그것이 토마토라는 걸 본 보안 요원은
환하게 웃으며 이렇게 말했다. "저건 어떻게 확인해야
할지 모르겠네요. 좋은 하루 보내세요." 그러나 나는 곧
엎치락뒤치락하는 과정에서 줄기(하마터면 '팔'이라고 쓸
뻔했다) 하나가 부러져 네 개만 남았다는 걸 알았고, 그냥
다시 꺼내어 들고 타는 게 좋겠다고 판단했다. 그렇게
사랑의 샤워가 시작되었다.

　　그건 지난여름 내가 로마 시내에서 백합 한 다발을
들고 걸어가는 동안에도 경험했던 사랑의 샤워였다.
호감을 보이며 미소를 건네던 사람들이 기억난다.
특히나 여성들, 나랑 동년배이거나 좀 더 나이 든

여성들이 그랬다. 실내복 차림으로 발코니에서 양탄자를 털던 한 여성은 "브라보!" 하고 외쳤다. 손을 잡은 나이 지긋한 커플도 함께 미소를 보낸 뒤 손깍지를 끼며 서로에게 기댔다. 내가 그 백합을 연인이 아니라 친구들에게 줄 거라는 사실을 알았다면 그들은 실망했을지도 모르겠다. 그건 내 시 몇 편을 이탈리아어로 옮겨주었고, 경유하는 동안 자신들 집에서 며칠 묵으라며 친절을 베풀어준 다미아노와 모이라에게 줄 백합이었다. 우리는 다미아노의 전처가 파트너와 함께 운영하는 채식 식당에 갔고, 가는 길에는 다미아노가 세상에서 가장 큰 박태기나무라고 알려준 나무 앞을 지나기도 했다. 나무는 이끼가 덮인 땅 위로 간간히 늘어진 채 몇 미터씩 뻗어 있었고, 아름다운 검은 껍질이 가로등 불빛에 반짝이고 있었다. 물론 번역도 사랑의 행위인데다, 이처럼 멋진 시간을 보냈으니 내게 사랑을 뿌려준 이들은 전혀 실망할 필요가 없다.

비행 전 마지막 절차인 탑승을 앞두고 공항 직원 한 명이 말했다. "멋진 토마토네요." 나는 그게 관심을 끌려고 괜히 하는 말이었다고 생각하지 않는다. 뒤이어 승무원은 내게 토마토의 안부를 최소 다섯 번은 물었는데, 과장하는 게 아니라 매번 부를 때마다 "우리 토마토"라고 했다―"우리 토마토 어디 있죠?" "우리 토마토 어때요?" "우리 토마토를 잃어버리신 건 아니겠죠?" 그는 심지어 비상구 쪽의 탁 트인 좌석을 권하기도 했다. "우리 손님들, 저쪽에 앉아 다리를 좀 펴시는 건 어떨까요?" 나는 내 토마토를 챙긴 다음 그 작은 손님이 밖을 내다볼 수 있도록 창가 자리에 앉혔다. 물이 나왔을 때는 그 작은 손님의 흙에 조금 부어주었고, 비행기가 덜컹거릴 때는 팔이 더 떨어지지 않도록 조심하며 그 작은 손님을 담은 봉투 위에 손을 얹었다. 비행기가 착륙하고, 파일럿이 세게 브레이크를 밟을 때에는, 그 작은 손님이 자리에서 떨어지지 않도록 나도 모르게 그쪽으로 팔을 뻗었다. 이렇다 할 안전띠가 없던 차에서 브레이크를 세게 밟아야 할 때면 늘 아버지가 나에게 그렇게 해주었듯이. 그건 인간의 몸짓 중에서 내가 가장 좋아하는 몸짓이었다.

(6월 9일)

81. 손이 보라색인

이와 비교하면 '손이 빨간red-handed'이라는 표현, 즉 현장에서 체포된, 죄로 물든, "없어져라 없어져, 이 망할 놈의 자국이여"[170]를 뜻하는 표현은 질이 떨어지는데, 내 손이 보라색인 것은 연중 이맘때 오디를 딴 흔적이기 때문이다. 이솝 우화에 나오는 개미라면 지퍼 백이나 타파웨어 통을 들고 따겠지만, 나는 이따금 베짱이가 되어 그냥 입에다 담는다. 그것이 내가 세상을 사랑하는 한 가지 방식이다. 느릅나무 길로 알려져 있지만 오늘부터는 뽕나무 길이 될 묘지 근처에서, 내가 가장 좋아하는 뽕나무 밑에서 야영을 하며, 내 자전거 바퀴는 아직 돌고 있고, 축 늘어진 검은 열매들은 곧 내 손에 떨어질 것이다. 내 손을 보라색으로 달콤하게 물들이며. 네, 저의 죄를 인정하나이다.

(6월 11일)

---

170. 셰익스피어의 〈맥베스〉에서 맥베스 부인이 살인 후 죄의식에 시달리는 장면에서 하는 말

82. 이름: 케이티 영 /
　　연락처: 555-867-5309

오늘은 친구 케이티, 데이브와 모여 우리가 독립
출판물로 펴낼 케이티의 그래픽 노블에서 어느 부분을
발췌할지 논의하고 있었다. 케이티가 가방에서
페이지마다 멋진 그림이 담긴, 스스로 '일레븐'이라
이름 붙인 아름다운 꾸러미를 꺼냈을 때 그 백팩
안쪽에 이름과 연락처를 적는 태그가 붙어있는 것을
보았다. 어쩌면 "이 가방을 주우면 이쪽으로 꼭
돌려주세요"라는 문구도 있었을지 모르는데, 아무튼
케이티는 빈 칸을 채워두었다.

　　내가 아는 사람들―어른들― 중에 그걸 채운
유일한 사람은 돈 벨턴이었는데, 그의 모든 일기에는
이름과 전화번호, 혹은 이름과 주소가 "이것을 읽지
마시오"라는 경고와 함께 붙어 있었다. 나에게는 오히려
유혹으로 다가온다. 차라리 이걸 읽으라는 명령이
나왔을지도 모른다. 그러나 나는 돈과 아는 사이였고,
그래서 우리가 수백 편의 일기와 사진, 편지와 유품이
담긴 상자를 그의 기록 보관소가 될 릴리 도서관으로
옮기는 동안, 그 경고문에 담긴 그의 바람, 저세상에서
보내온 바람을 존중했다. 돈이 이름과 주소 혹은 이름과
연락처를 쓰는 방식에는 어딘가 문학적인 느낌이
있었다. 다른 시대의 관습 같기도 했다. 하기는 돈
자체가 가끔 다른 시대 사람처럼 보이기는 했다. 한번은

그의 반 학생들이 졸업 주간, 여기서는 뭐라고 부르는지 모르지만 아무튼 그 주간에 릴 뭐시기가 공연하러 온다느니 하며 한창 떠들자, 돈이 이렇게 말했다고 한다. 아마 사뭇 진지한 얼굴로 말했을 것이다. "내가 대학에 다닐 때에는 듀크 엘링턴이 연주했지. 그 사람이 누군지 아나?" 돈은 영락없이 E. M. 포스터[171] 분위기의 인간이었다.

    그러나 케이티가 자신의 가방에 이름과 연락처를 쓴 것을 보았을 때는 정말이지 내 마음이 홍학들로 가득 차 버렸다. 아니, 내 마음이 한 마리 홍학이 되었다. 그 행동은 뭐랄까 보편적 예의에 대한 신뢰에서 나온 소박한 행위로 다가왔다. 종종 보답이 돌아오긴 하지만 항상 그런 건 아니기에 우리가 신뢰라 부르는 것 말이다. 내가 동트기 전 신문을 배달하던 시절의 일이다. 아파트 단지 사이로 이슬에 축축해진 잔디 위를 내달리던 나는 인도에서 500달러가 든 지갑 하나를 발견했다. 지갑 안에는 주인을 알 수 있는 단서들이 많았다. 운전면허증이나 신용카드는 없었지만, 나머지에는 모두 같은 이름이 적혀있었기 때문이다. 그중 하나가 애틀랜틱시티의 한 카지노에서 발행한 일종의 단골 고객 카드라는 걸 알았을 때, 나는 그것이 검은 돈이니 좀 가져가서 쓰는 게 낫겠다고 판단했다. 장담하는데, 아마 그 지갑의 주인이 옥스팸이나 국제앰네스티의 단골 후원자라는 증거를 찾아냈더라도 나는 그 돈이 내 것이어야 하는 이유를 기어이 찾아냈을

---

[171]. E. M. Forster(1879~1970), 영국의 소설가

것이다. 신제품 스티브 카발레로 미니[172]와 약
420달러어치의 곰 젤리가 필요했기 때문이다. 그러나
오늘의 나라면 그 돈을 가져가지 않을 것이다. 아마 곰
젤리 정도는 살 수 있어서 그런 것도 있겠지만, 더 큰
이유는, 내 생각에, 지금은 보편적 예의를 믿고 있고,
그 보편적 예의에 대한 굳건한 신뢰를 가지고 있기
때문이다. 그 신뢰는 자라서 믿음으로 드러난다.
그 믿음은 자라서 신뢰로 드러난다. 그렇게 계속, 계속,
'이름: 케이티 영 / 연락처: 555-867-5309'에서
증명되었듯이.

(6월 11일)

---

[172]. 스케이트보드 모델명

83. 여전히 진행 중인

나는 호박과 메밀, 양파와 백일초에 엉킨 덩굴식물을 풀며 휘트니 휴스턴[173]을 다룬 팟캐스트 〈스틸 프로세싱〉을 듣고 있었다. 진행자들은 휴스턴의 신인 시절과 쟁쟁한 혈통(그는 디온 워릭[174]과 어리사 프랭클린[175], 둘 모두와 연관이 있다), 바비 브라운[176]과 이어온 관계를 다루고 있었다. 몇몇 채널에서 리얼리티 TV 쇼로 만들기에 충분하다고 판단한 내용, 그 소식을 듣고 많은 사람이 좋은 TV 쇼가 될 거라고 생각했던 내용이었다. 내가 아는 바로, 그들은 당시에 결코 수월한 시간을 보내고 있지 않았다. 그 말은, 맞다, 그들의 삶이 열차전복 상태였다는 것을 완곡히 말한 것이다. 사람들은 열차전복을 좋아하고, 승객들이 전원 흑인일 때는 더더욱 좋아한다.

    사람들이 그런 쇼를 제작하는 과정을 상상해 본다. 관계자들이 만나서 회의를 해야 하고, 프로듀서나 감독도 찾아야 하고, 예산도 확보해야 한다. 수많은 결정과 계약이 이루어져야 할 것이고, 아마 수없이 많은 악수와 술자리, 골프약속이 이어질 것이다.

---

173. Whitney Houston(1963-2012), 미국의 가수, 배우
174. Dionne Warwick(1940-), 미국의 가수, 배우, TV 프로그램 진행자. 휘트니 휴스턴의 외사촌이다.
175. Aretha Franklin(1942-2018), 미국의 가수, 작곡가, 소울의 여왕. 휘트니 휴스턴이 '명예 이모'라 할 만큼 어린 시절부터 따르던 사이
176. Bobby Brown(1969-), 미국의 가수이자 댄서로 휘트니 휴스턴의 남편이었다.

지난 30년간 최고의 팝 음악을 만들어온 흑인 가문의 어른들을 어떻게 하면 최대한 이용해 먹고, 웃음거리로 만들지 알아내려고 하면서 말이다. 직접 본 것은 아니지만, 이건 케케묵은 이야기이다. 흑인의 고통을 상품화하는 일. 만일 나에게 〈더 와이어〉[177]의 대사들을 외울 수 있는 모든 백인에게 줄 5센트가 있다면. 나는 환상을 품고 있지 않다. 즉, 지금 하는 말이 사실이라는 얘기를 하려는 것인데, 대중문화, 대중매체의 목표 중 하나는 검다는 것과 고통을 불가분의 관계처럼 보이게 만들고, 검다는 것과 고통을 융합하는 것이다. 고통과 검다는 것. 검다는 것과 고통. 고통과 검다는 것. 검다는 것과 고통. 고통과 검다는 것. 검다는것과고통. 고통과검다는것. 검다는것과고통. 고통과검다는것. 검다는것과고통.

만일 누군가의 목표가 흑인을 망치기 위해 역사적으로, 그리고 현재에도 이어지는 온갖 시도와 시스템을 감추는 거라면 이런 융합이야말로 끔찍이 영리한 짓이다. 누군가의 목표가 고의적인 것을 자연스러운 일로 보이도록 만드는 거라면 끔찍이 영리한 짓이다.

그래서 뭐가 기쁨이냐고? 여러분이 한 흑인이 쓴 기쁨의 책을 계속 읽고 있다는 사실이다. 검은 기쁨의 책을.

공기처럼 매일.

(6월 12일)

---

177. The Wire, 볼티모어를 배경으로 경찰과 마약 갱스터들을 다룬 미국의 TV 시리즈.

84. 반딧불이

어느새 햇볕에 발그레해진 작은 열매들로 가득한
배나무 너머에는 나무들이 만든 우묵한 공간이 있다.
이런 운 좋은 주간이면 호두나무와 단풍나무들이 만든
빽빽한 검은 장막이 배에 불을 켠 벌레들에게 뚫린다.
오늘은 그중 한 마리가 내 목에 내려앉더니 팔을 따라
손까지 기어 내려왔다. 더 자세히 들여다보자 날개로
된 두 갈래 망토를 열어젖히며 몸의 균형을 잡는다.
원통형 몸이 깜빡깜빡 빛나기 전까지 그 생물은 지극히
평범해 보이지만, 어느 순간 그 작은 몸 안이 온통 낯선
아름다움으로 채워진다. 의인화의 반대는 뭐지? 그게
내가 하려는 이야기이다.

나에겐 반딧불이에 얽힌 강렬한 기억이 하나
있다. 그런데 그 일은 실제였을까? 아버지가 형과 나를
데리고 우리가 1년 동안 살았던 아파트 뒤의 황무지에
갔었다. 우리는 다함께 반딧불이 혹은 개똥벌레, 지역에
따라 달리 부르는 그 벌레들이 여기저기 뚫어놓은 달
없는 밤하늘을 구경했다. 내 작은 손이 그 쇼에 매혹된
아버지의 커다란 손 안에 있는 게 느껴졌다. 당시의
나는 아마 몰랐을 텐데, 그건 벌레들이 펼치는 쇼였다.
어두운 밤 형용할 수 없이 아름다운 사건을 목격한다는
것에는 어떤 심오한 서정적 가르침이 있다. 형용할 수
없이 아름답다는 것 말고는 판독이 불가능한 그 사건이

벌어지는 동안 나는 아버지의 허리춤에 머리를 기대고 있었다. 그리고 거기에서는 뭐랄까 피자헛의 카바티니 파스타[178]나 멕시칸 피자 냄새가 났던 것 같다. 그게 뭐였는지는 모르지만, 확신한다.

(6월 13일)

---

178. 피자헛의 메뉴였던 오븐 파스타

85. 나의 큰 낫 잭

이 기쁨이 한결 더 기쁜 이유는, 물론 스위스인도 비교적 큰 사람들이지만, 내 큰 키와 왼손잡이라는 특징이 큰 낫을 사용하기에는 일반적이지 않다고 생각하기 때문이다. 어쩌면 내가 스위스인을 스웨덴인과 혼동하고 있고, 또 스웨덴인을 폴 버니언과 혼동하고 있는 것인지도 모르겠다. 내가 기억하는 한, 그 〈믿기 어려운 이야기〉[179]에 폴 버니언의 혈통은 뚜렷이 나오지 않는데도 말이다. 나만큼이나 이 기쁨에 깊이 빠져 있고, 사람 자체가 기쁨인 친구 잭은 스위스에서 열린 큰 낫 사용자 총회에 갔다가 날 위해 그 날을 구해다 주었다. 그 총회에서 사람들이 뭘 하는지는 모르겠지만, 그것이 불러일으키는 이미지만큼은 마음에 든다. 물론 영화 〈사운드 오브 뮤직〉을 본 적도 없고 앞으로도 볼 것 같지 않지만.

잭, 방금 내가 이 기쁨의 제목에 포함하기로 결정한 그는 내가 너른 풀밭을 부드럽게 걷어낼 수 있도록 이 낫의 자루, 혹은 손잡이도 만들어주었다. 낫질은 마치 춤과 같아 그걸 따라 풀들이, 특히 키 큰 풀들이 우아하게 드러눕는다. 내가 아날로그 기술의 미덕에 대해 떠드는 걸 아무도 원치 않겠지만, 그래서 해볼까 한다. 텃밭을 정리할 때 내 큰 낫은 처박아 둔 예초기보다 성능이 월등히 뛰어날뿐더러 완벽하게

---

[179]. 이 민담집에서 폴 버니언이 걸어 다닌 발자국은 미 대륙의 호수가 된다.

조용하다. 나는 낫질로 토끼풀과 민들레의 머리를
넘어뜨렸고, 호박과 함께 심은 메밀도 씨를 맺기
전에 눕혔다. 낫의 크기야말로 아마 내가 궁극적으로
칭찬하려는 부분인 것 같은데, 내가 그걸 예초기(역시나
손작업 도구)보다 높이 평가하는 이유이기도 하다.
예초기는 검은 호두나무나 장작더미, 화단이나
콘크리트 벽돌 위의 벌집에 이르기까지 두루 쓸 수는
없기 때문이다. 아마 그 점이 죽음의 신[180]이 예초기를
밀지 않는 이유를 설명해 주는 것 같다.

(6월 15일)

86. 포포 숲

어제는 내가 일하는 대학 건물을 빠져나와 자전거로
조던강 옆을 달리고 있었다. — 이름이 정말로
조던강인데, 더 유명한 그 사촌[181]과 달리 데이비드
스타 조던의 이름을 따서 지은 것이다. 그는 인디애나
대학교 총장을 거쳐 스탠퍼드 대학교 총장을
역임했으며 우생학 분야의 개척자였다. 내가 그곳에 간
건 며칠 전 빠르게 지나치다 문득 포포 숲일지 모른다는
의심이 든 지점을 자세히 살펴보고 싶었기 때문이다.
이 글을 쓰는 지금 컴퓨터가 귀엽게도 포포pawpaw를
계속 퍼포papaw로 고쳐주고 있는데, 퍼포는 이 지역
출신이 아닌 사람들에게는 아빠 혹은 할아버지라는
뜻이다. 포포 숲이 아빠나 할아버지처럼 느껴질
수도 있겠다. 특히 한낮에 그 안에 서 있으면 빛이
스테인드글라스처럼 커다란 잎들을 뒤덮어 순간 무언가
든든하고 나이 지긋한 존재의 품에 안긴 기분이 들기
때문이다.

    이제야 모든 독자가 포포를 아는 건 아닐 거라는
생각이 드는데, 그 사실이 오히려 내 기쁨을 배로
키워준다. 여러분에게 미국이 원산지인 가장 큰 과일을
소개할 기회이기 때문이다. 포포의 커스터드 크림
같은 과육은 한 움큼의 굵직한 검은 씨를 감싸고 있다.
바나나와 망고를 대충 섞은 듯한 열대의 맛은 이곳

---

[181]. 요단강

중서부에서는 충격적인 것이다. 그 맛 때문에 포포는 인디애나 바나나 혹은 후저[182] 바나나, 미시건 바나나, 켄터키 바나나, 오하이오 바나나, 웨스트버지니아 바나나로 불려왔다. 아마 펜실베이니아 바나나로도 불려왔을 것이다. 일리노이 바나나도 유력하고. 그 밖에 앨라배마 바나나, 캔자스 바나나로도 통했다. 냄새로 미루어 보아 잎에는 살충 효과가 있는 듯하다. 꽃은 사람의 입술을 꼭 닮아 보는 이의 마음을 따뜻하게 덥혀준다.

이 숲의 위치까지 알려주는 것은—발렌타인 홀과 총장 공관 사이, 강 바로 옆을 따라, 사실 강이라기보다 샛강이다—분명 흔치 않은 일인데, 친구 줄리에게 작년에 그렇게 외쳐대던 포포 숲이 어디냐고 물어보고 알게 된 정보다. 그는 의심어린 눈초리로 "안 가르쳐줄 거야!" 하며 웃었지만, 맘 편하게도 지금은 이 대화도 포포 숲도 기억 못하고 있다. 나는 포포에 대한 그의 욕심을 존중한다. 내가 요즘도 가끔 꾸는 이런저런 보물에 대한 꿈들—잘 때 꾸는 꿈—을 생각나게 한다. 어릴 적 꿈 속 보물은 보통 돈, 그것도 주로 크고 낡은 궤짝에 들어 있는 은화였고, 그런 상상은 적어도 어느 정도는 영화 〈구니스〉가 알려준 것이었다.

그러나 나이가 들며 꿈속 보물도 변했다. 이제 그 보물은 위치가 기억나지 않는 어느 언덕 위 혹은 꺾어진 길목 어귀에서 파는 베지 버거나 감자튀김이다. 아니면 단 한 번의 마지막 풋볼 경기다. 선수 적격 심사

---

182. Hoosier, 인디애나주의 원주민, 주민

과정이 어딘지 어수선했던 바람에 선수 승인을 받게
된 나는 보통 경기장에 늦게 도착하는데, 팀원들이
나를 알아보지 못하거나 내가 뛰지 않는 편이 나은
상태다. 그나마 덜 비참한 꿈도 있다. 어젯밤 꿈에서는
로이 삼촌을 축하 하는 한 행사장에서 빠져나왔는데,
삼촌이 버락 오바마였다. 내가 빠져나온 건 옷을 입지
않았기 때문이다(내 꿈에서 반복되는 한 가지 주제). 난
어릴 적에 살던 아파트의 서랍장에서 나한테 꼭 맞는
멋진 녹색 바지를 찾았지만, 행사장으로 가는 길을
잃어버리고 말았다. 그만큼 그 바지에 빠져 있었던
셈이다. 행사장에서 걸어 나온 엄마가 첫 연사의 발표가
이미 끝났다며 내게 힐난조로 소리를 지르더니 자신의
자리로 돌아가려고 휙 돌아섰다.

    숲이지만 어딘가 교회 복도 같은 느낌도 드는
포포 숲에서의 기쁨은 열매 찾는 법을 배우는 데에
있다. 열매들은 오밀조밀 모인 형태로, 주로 약간 높은
나무 위에 있다. 그래서 가리키는 행위, 특히 혼자가
아닐 때에는 더더욱, 최소한 작은 축복이라고 할 만한
우리 인간의 능력을 쓰게 만든다. 개가 있는 방향으로
포도를 던지고 가리켰는데 아무런 반응이 없을 때,
며칠 뒤 아기에게 보라며 새 한 마리를 가리켰는데
여전히 같은 결과일 때 깨닫게 되는 능력 말이다.
가리키는 기술, 즉 가리키고 그 점을 따라가는 능력은
후천적 결과이자(나는 가리키는 발달단계가 있는지 궁금하다)
인지능력의 기적이다. 집게손가락 끝과 겨우 눈에

떨까말까 한 열매 세 개를 잇는 투명한 선 하나가
있다는 걸 알아보는 기적. 과일들은 저 높은 장막
위에서 흔들리고 있고, 살짝 늘어져 겨우 빛 속으로,
바깥으로 나오기 전까지는 잎들과 뒤섞여 있다.
저기 하나 있다, 하고 말할 때에는 조용히 속삭이자.
그것들이 날아가버리지 않게.

(6월 19일)

87. 어슬렁거리기

나는 디트로이트의 어느 카페에 앉아 있고, 이곳 출입문 창에는 이런 명령조의 안내문이 붙어 있다.

> 잡상인 출입 금지
> 어슬렁거림 금지

배열된 모양새가 쇳덩이처럼 버거운 느낌이다. 나는 이곳의 시설과 재정적 관계를 맺고 있다. 그건 내가 커피를 사 마시면서 형성된 관계로, 덕분에 나는 고객이 된다. 그래서 방금 차양 밑으로 쏟아지는 늦은 오후의 햇살을 받으며 교묘히 졸았지만, 내가 쓴 2달러가 잠시나마 어슬렁거리는 사람 취급을 받지 않도록 나를 보호해 주고 있다. 물론 그 졸음이 너무 길어지거나 졸음을 과시적으로 즐기다가는 도를 넘어설지도 모르지만.

어슬렁거리기loitering는 알다시피, 꺼져버리는 것fucking off이나 아무것도 안 하는 것doing jack shit, 자위행위jacking off를 뜻한다. 이 세 용어 중 두 개가 성적인 함의를 지닌 걸 보면, 어슬렁거리기를 억압된 문화, 억압적(성적인 면과 다른 면에서) 문화로 이해한다 해도 그리 비약적 상상은 아닐 거다. 억압적 문화가 어슬렁거리기라는 개념을 만들어내고 범죄화했달까. 어떤 사람은 이 글을 읽으며 어슬렁거림을 사실이 아닌 개념으로 생각한다는 것에 쓰러져버릴 수도 있을 것 같다. 그런 게 바로 폭발적인 기쁨이다.

웹스터 사전에는 어슬렁거리다loiter에 대한 정의가 이렇게 적혀 있다. "뚜렷한 목적 없이 주변에 게으르게 서 있거나 기다리는 것" 그리고 "자주 멈추면서 나태하게 여행하는 것". 이런 행동을 가리키는 비슷한 말로는 머무르다linger, 빈둥거리다loaf, 늘어지게 쉬다laze, 편하게 기대다lounge, 게으름 피우다lollygag, 꾸물거리다dawdle, 한가로이 거닐다amble, 느긋하게 걷다saunter, 주변을 어슬렁거리다meander, 천천히 움직이다putter, 꾸물거리다dillydally, 설렁설렁 걷다mosey가 있다. 이 중 어느 단어든 마음이 삐딱할 때면 비판으로, 혹은 비판을 명사화한 별명("게으름뱅이Lollygager!"나 "빈둥대는 놈Loafer")으로 여겨질 수 있다. 실제로, 게으름뱅이는 우리 엄마가 밥을 차려놓고 우리를 구슬릴 때 쓰던 단어 중 하나다. 이 기억을 글로 옮기는 동안 내 배 속에 나타난 반응으로 보아 그런 일은 빈번했던 게 틀림없다. 이 단어들은 나에게는 모두 하루를 잘 보내고 있다는 걸 넌지시 알려준다. 최고의 하루를 보내고 있다는 암시인 셈이다. 또 이 단어들은 내가 비생산적 상태로 있다는 걸 보여주는데, 이 상태는 비록 일시적일지라도 비소비적인 상태로 이어지고, 이런 것은 미국에서는 범죄다. 또 한눈에 파악되는 시각적 단서가 몇 개인지에 따라 더 노골적인 범죄가 되어버린다.

이를테면 피부색이 어두울수록 "어슬렁거리는" 사람이 된다. 물론 파타고니아 재킷이 그런 인식을 흐려놓는 데 조금 기여할 수도 있겠다. 파타고니아 재킷, 화려한 색상의 바지, 짧은 양말에 트레통 스니커즈, 아이비리그 야구 모자, 성경이 아닌 두툼한 책 한 권, 그 정도면 거의 성공할 수 있을 것이다. 거의.
(누가 몇 개만 꼭 디자인해 줬으면 하는 벤다이어그램이 있는데, 아마 우리 내면에서 벌어지는 안전을 향한 꾸준한 협상을 그림으로 보여줄 수 있을 것이다. 그러면 우리는 최고의 코미디 쇼를 볼 때처럼 박장대소한 뒤 맙소사 하고 중얼거리게 될 것이다.)

문득 웃음과 어슬렁거리기는 친한 사이라는 생각이 든다. 둘 다 생산과 소비에 훼방을 놓기 때문이다. 내가 백인이 섞이지 않은 왁자지껄 웃는 무리 안에 있다가 "쉿, 조용히 해요" 하는 소리를 들은 것도 아마 그 때문일 터다—블루밍턴에 있는 식당 쿠도바Qdoba에서, 피시타운의 술집에서, 하버드에 있는 하버드 클럽에서. 아마도 "쉿!" 하며 조용히 시키는 건 우리 몸이 비생산적이고, 비소비적인 기쁨에 빠져 있는 게 얼마나 기존 질서에 위협적인지를 깨우쳐주려는 의도인 것 같다. 웃음의 순간에는 소비가 불가능한 데다(질식할 수도 있지 않나), 그 웃음이 충분히 크고 뒷담화까지 기막히다면, 음식이나 음료가 입에서 날아가버릴지도 모르니까. 또 날아가지 않는다면, 그

웃음 때문에 코가 찡하게 아플 테니까. 만일 우리 몸이
소비가 가능한 존재가 되어야 하고, 그런 존재였고,
지금도 그런 존재라면, 그런 몸 하나, 자, 여기 있다.
이 나라에서 그 주위로 생산과 소비에 대한 아주 많은
개념이 형성되어 온 그 소비 가능한 몸 말이다.

    캐리 메이 웜스[183]가 한 여성을 찍은 사진이
있다. 사진 속 여성은 어느 직물 공장으로 보이는 곳에
있는데, 셔츠의 왼쪽 가슴팍, 심장이 사는 곳에 천사
문양이 수놓아져 있다. 그는 거의 황홀경에 사로잡혀
모든 걸 껴안으려는 듯 팔을 천사처럼 넓게 벌리고
있다. 그렇게나 기쁨에 젖어 있다. 나는 매번 사진을
볼 때마다 그 기쁨을 목격한 덕에 미소가 지어지고,
정말로 몸이 열리는 경험을 한다. 그야말로 검은 기쁨의
순간이다. 그러나 바로 이어서 그 뒤쪽 어딘가에 사장이
있는 건 아닌가 찾아본다. 이런 상상을 하면서. 어허,
이런, 자네는 비생산적인 기쁨의 순간에 빠져 있어.
경고야!

    이건 '어슬렁거리다'와 비슷한 말 중에 또 하나의
표현을 떠올리게 하는데, 나는 그것 역시 기쁨이라고
거의 다 적었다[184]: 시간을 들이다 *taking one's time*.
왜냐하면 앞서 나열한 유의어들이 시간을 넌지시
언급하는 반면, 이 경우에는 뚜렷이 시간을 보여주기
때문이다. 범죄로서의 어슬렁거림이란 개념은 한
사람의 시간을 둘러싼 소유권과 관련이 있기 때문이다.
가끔은 우리의 시간을 빼앗아간 가짜 주인들에게서

---

183. Carrie Mae Weems(1953~), 미국의 미술가.
사진 외에도 텍스트, 직물, 디지털 이미지 등
다양한 재료로 작업한다.
184. 적는 데도 꾸물대며 시간을 들이고 있다는 농담

그것을 되찾아 제 주인에게 돌려줘야 한다. 비록 기쁨을 방해하는 감시자가 수시로 끼어드는 바람에 나 역시 수백 번 들여다본 사진들에서조차 감독관이 없는지, 기쁨을 단속하는 프로그램이 없는지 항상 경계하지만, 내 작업은 이런 유의 기쁨을 연구하는 것, 어디 기쁨이 또 없나 찾아보는 것, 그것을 갈망하는 것, 공장에서 멀찍이 벗어나는 것이다. 사진 속 여성이 그렇게 보이는 것처럼.

(6월 22일)

88. 별종

한 가지 호칭이 있는데 예스러울 수도 있고 지역색이
느껴질 수도 있다. 또 수많은 종교 이야기, 그중 예언자
이야기에 기원을 둔 것일 수도 있다. 그런 이야기에서는
보통 예언자가 손을 얹으면 병이 낫거나 미래가 보인다.
또 다른 사람으로 거듭나기도 하는데, 그 때문에
다름을 두려워하는 이들 사이에서 칭찬 못지않은
경멸의 의미를 담은 '별종'이라는 호칭, '머리가
정상이 아닌' 또는 '정신이 나간'이라는 뜻을 가진
호칭이 생겨날 수 있다. 이 문장을 쓰며 별종의 한 가지
용법을 배우게 되는데, 그건 사실 전혀 경멸의 의미가
아니라 자기 안의 다름에 대한 긴장을 드러내는 자기
호칭에 가깝다. 아마 이것은 모든 경멸 섞인 표현들에도
해당될 것이다.

    오늘 나는 디트로이트의 캐스 스트리트에서
인도를 따라 젠키[185]한 자전거를 타고 가는 한 사람을
보았다. 그의 자전거는 보통 크기의 뒷바퀴와 너무 작아
앙증맞은 앞바퀴(예초기에서 빼온 건가 싶은?)가 짝을 이루고
있었고, 1982년형 허피[186] 같은 바나나 모양 안장에
번쩍이는 띠, 빛나는 손잡이, 딸랑이 몇 개, 이 외에도
몇 가지 다른 장비를 갖추고 있었다. 특히나 마음에 든
것은 바나나 안장 뒤쪽 손잡이에 고정시켜 운전자 머리
위 약 1m 높이에서 돌고 있는 장대 끝의 프로펠러였다.
나라면 분홍색이나 보라색 프로펠러를 골랐겠지만

---

185. 'jenky'의 정확한 뜻은 69장에서 자세히
    설명했다.
186. Huffy, 미국의 대중적인 자전거 브랜드.

충분했다. 성인용 자전거에 프로펠러가 달려 있다는 건 일단 진정성이 있다는 거니까. 50대나 60대로 보이는 운전자는 비니에 광각 선글라스를 쓴 채, 자신의 운송 수단 위에 군주처럼 꼿꼿이 앉아 내게 화답하듯 활짝 웃으며 고개를 끄덕였다. 그것은 별종이라고 할 만한 모습이었다. 이틀 전 내 사무실 앞을 질주하던 한 젊은 친구도 마찬가지였다. 바퀴가 달린 그의 신발(내가 탐내는)에는 털이 복슬복슬한 공이 고무줄로 매달려 있었는데, 내 생각에는 토끼의 꼬리를 표현한 것 같았다. 한마디로 그는 롤러스케이트를 타는 토끼였던 셈이다. 또 몇 주 전에 본 인라인스케이트를 타던 아이도 마찬가지였다. 그 애는 라디오에서 'Billie Jean'이 흘러나오자, 쑥스러운 기색이라곤 없이, 자신이 할 수 있는 한도까지 뮤직비디오 속 마이클 잭슨 흉내를 냈다. 그 모습은 진취적이고 귀여웠다.

　이 모든 사례가 뚜렷이 알려준다. 별종이라는 건 종종 원기 왕성하거나 열정적이라는 뜻도 된다는 것. 이 두 가지 특징 모두 위축되어 있거나 상처받기 쉬운 상태일 때 우리 안에 창피함 같은 감정을 불러일으킬 수 있다는 것. 그리고 다시 한 번 자기 안에 숨어 있는 별종으로서의 모습에 대해 스스로가 느끼는 두려움에 주목하게 한다는 것을. 남의 눈을 의식하지 않는 그 아이의 끝내주는 문워크를 보았을 때 어떤 감정이 들었는데, 그때는 그걸 창피함으로 여겼던 것 같다. 모든 걸 잊은 듯한 그 아이의 몰입, 그 기쁨이 뭔지 잘 알고 있었기 때문이다.

　　그러나 지금은 점점 창피함이라는 감정이 통증에 가까운 것으로 여겨진다. 왜냐하면 누군가의 별난 모습을 목격할 때 우리는 그 사람이 감흥에 젖어있는 모습 또한 목격하게 되고, 우리 안에 그런 게 없다는 것은 슬픔이자 무언가를 희생한 느낌이기 때문이다. 반보씩 나아가는 문워킹이나 캐스 스트리트에 울려 퍼지는 자전거 딸랑이 소리처럼, 다른 이들의 충만한 감동을 보며 정작 내 안에는 감흥이 없다는 사실을 깨닫는 것은 꽤 아픈 경험이다. 그것이, 운이 좋아, 하나의 새로운 계기가 되기 전까지는.

(6월 24일)

89. 동물의 똥

오늘은 창고를 치웠다. 정확히 말하면 창고의 잔해인데,
지붕은 없고 뼈대는 거의 반이나 녹슬어버렸기
때문이다. 치우던 중 손가락 두 개 길이의 검은 똥이
뽕나무 씨앗들과 함께 사방을 수놓고 있다는 걸
깨달았다. 그 똥들을 보니 무척 기뻤다. 근처에 사는
사슴 한 마리가 별이 가득한 밤에 창고라고 하기는
뭣한 나의 공간에 웅크리고 앉아 나무에서 떨어진
오디들을 먹어 치웠을 거라는 상상을 하게 되었기
때문이다. 그래서 창고라고 하기는 뭣한 곳에서
자라고 있는 자리공의 두툼한 잎을 하나 따서, 덜 엉겨
있는 쪽 덩어리들을 떠냈다. 좀 더 관찰하면서 좀 더
기뻐하려고. 그러니까 내 말은 똥이 주는 기쁨에 대해 써
볼 생각이었다는 말이다. 분명 똥에서조차 기쁨을 찾을
수 있다는 어떤 윤리적 메시지를 담았을 것이다.

　　내가 풋내기 자연주의자라는 단서를 여러분 중
일부는 이미 알아차렸겠지만 사슴 똥은 덩어리 형태도,
손가락 모양도 아닌 조그만 공 같다. 잡초를 뽑기 위해
토마토 화단으로 걸어가던 나는 이 사실을 떠올리고는
설마 너구리 똥인가 싶어 땅에다 내던졌다. 그리고
너구리가 광견병의 전파자였는지 기억하려고 애썼다.
그게 만일 배설물을 통해 더 심각하게 전파된다면,
그래서 내 피부에 스며든다면, 그래서 그로 인해

블루베리 밑에서 몸을 뒤틀고 입에 거품을 물게 된다면, 내가 가끔 상상하는, 낭만적인 방식으로 정원에서 정신을 잃는 모습과는 무척 다를 것 같았다.

늦은 오후의 햇살이 똥 속의 씨앗에 반사되어 은은하게 빛났다. 각각의 씨앗 속에서 내 작은 형상이 눈을 꿈뻑이고 있는 모습을 보며 나는 골웨이 키넬의 시 「곰bear」을 떠올렸다. 그 시의 화자는 늑대의 갈빗대로 깎은 칼날을 삼키도록 유도한 곰을 추적하다가 곰의 피 묻은 배설물을 약간 먹는다. 그는 그걸 똥이라 부른다. 나를 포함해 사람들이 그 시를 읽자마자 어처구니없다고 생각하거나, 최소한 외설적이라고 생각하지 않았다는 사실은 당혹스럽다. 그 시는 스스로를 신화적 존재, 심오한 무언가로 승화시켰다. 시 자위 모임의 20대 풋내기 청년들이 그 시를 읽고 있는 걸 상상해 보자. 초월적 지식이 형상화된 장면에 푹 빠진 나머지 누구 한 사람 웃지도 않는 모습을. 친구 데이브는 날 위해 가림막을 걷어주며, 그 시가 진지하지만 또한 어처구니없다는 걸 보여주었다. 그럼에도 키넬의 시에 대한 나의 애정은 조금도 줄어들지 않아, 두 편은 거의 도용하기까지 했다. 진지한 것이 좀 어이없기도 하다는 게 드러날 때, 그건 내게 종종 기쁨을 준다.

내가 처음 〈엑소시스트〉를 본 것은 아홉 살 때였다. TV 가이드를 넘기던 엄마가 HBO에서 그 영화를 해줄 거라며 보고 싶어 했다. 왜냐하면 그 영화가 처음 개봉했을 당시에는 아주 이성적인 사람이었던 우리 아버지가 나중에 보자고 했기 때문이다. 당시 엄마는 형을 가졌었는데, 영화를 본 관객 중 일부가 극장에서 유산을 하거나 심장마비를 일으키는 사건들이 있었고, 모두 영화가 잘 만들어졌다는 증거로 쓰였던 것이다. 영화가 시작되고 20분쯤 지났을 무렵, 어린 린다 블레어가 하얀 잠옷 차림으로 양탄자에 오줌을 싸며 사교 파티를 망치는 걸 보며 나는 오싹한 공포에 사로잡혔다. 엄마에게 대신 〈팰컨 크레스트〉를 보면 안 되냐고 물었다. 그건 재방송이야. 엄마는 거절했다. 보기 싫으면 그냥 가서 자렴. (독자들이여, 이쯤에서 나는 내가 넘어서는 안 될 경계를 하나 넘어설 건데, 뭐랄까 아이가 없는 친구가 여러분에게 육아에 대해 왈가왈부하는 느낌일 것이다. 당시 형과 내가 쓰던 침대는 텔레비전에서 불과 6m쯤 떨어져 있었을 것이다. 걸어가면 3~4초 밖에 안 걸렸다. 그러나 나의 상상은 광활했다. 그러니까 내 말은 〈엑소시스트〉 같은 건 자녀들과 함께 보지 말라는 것이다. 〈샤이닝〉이나 〈악마의 씨〉도 마찬가지다.)

젠장, 맞다. 난 이미 혼자서 뭔가를 하기에는 겁에 질릴 대로 질려 있었고, 어린 린다 블레어가 자신을 십자가로 찌르고 신부들의 얼굴에 구토를 할 때에는 아예 망연자실했다. 나는 소파에 앉아 내 또래 여자애가 헐떡이고 으르렁거리는 소리를 들으며 《벅스 카운티 통신 신문》을 읽는 척했다. 경제면을 펼치고 그 밑으로 어린 린다 블레어가 루시퍼 때문에 고통받는 자신의 배 안쪽에 H E L P라고 쓰는 장면을 훔쳐보았다. 물론,

우리 아버지, 이 세상에서 악마를 때려잡을만한 유일한 그 사람은 정작 햄버거를 내주느라 근처 코트먼 대로에 있는 로이 로저스[187]에 있었다.

마침내 자러 갔을 때, 나는 훌쩍거렸다. 정말이지 나 역시 사탄에 사로잡힐 것 같았고, 형은 내가 그런 생각을 떨칠 수 있도록 약간의 노력조차 하지 않았다.

나: 매슈 형, 나도 사탄에 사로잡힐까?
매슈: 모르겠네.
나: 지금도 사로잡힌 걸까?
매슈 (이불을 머리 위로 끌어당기며): 모르겠다.
 아마도?

확실히 해두자면, 이제 엄마는 이것이 엄청나게 허술한 양육법이었다는 걸 안다. 내가 그 얘길 자주 꺼내서 그렇기도 한데, 내가 엄마의 부끄러움을 한껏 즐기는 동안, 엄마는 손을 앞이마를 대고 고개를 절레절레 흔든다.

내가 〈엑소시스트〉를 다시 볼 용기를 끌어모은 것은 스물여섯 살 무렵이었다. 감독판이었고, 친구 조애너와 함께 필라델피아 체스트넛가 18번가와 19번가 사이에 있는 극장으로 영화를 보러 갔다. 린다 블레어가 양탄자에 오줌을 싸는 장면에서, 이번에는 누군가가 스크린에 대고 이렇게 중얼거렸다. "오, 맙소사, 쟤 왜 저래?" 그 다음 린다의 머리가 빙글빙글

---

187. Roy rogers, 미국의 패스트푸드 체인점

돌 때는 다른 사람이 소리쳤다. "저 여자애 미친 거 아냐!" 그 순간 나는 이 영화, 오랫동안 내 상상 속 공동묘지였던 영화가 실제로는 어처구니없다는 걸 깨달았다. 나는 무덤으로부터 자유로워졌다. 더 정확히 말하면, 나는 다른 종류의 무덤을 얻게 되었다—그 안에 웃음이 묻혀 있는 무덤을.

(6월 25일)

90. 그대 가버리시오, 영양의 순환으로![188]

오늘 아침, 나는 올리브유와 섞으면 내가 가장 좋아하는
샐러드 소스인 비니거가 되는 현미 식초의 빈 병에다
오줌을 누고 있었다. 그걸 조심스레 물뿌리개에
부은 다음 내 텃밭 식물들에게 질소 한 방을 주려던
것이었는데, 오줌에는 질소가 풍부하기 때문이다.
아무튼 재미있는 운동이다. 일단 내가 가장 잘 아는
성기 하나가 참여하는 운동이기도 하고, 소변기, 난
깎아내려 용기라 부르고 싶은데, 그것의 크기에 따라
약간 난처할 수도 있기 때문이다. 가령 여러분에게
내 해부학적 측면에 대해 굳이 많은 걸 알려주지
않아도, 식초병에 쉬를 한다는 게 눈으로 열쇠 구멍을
들여다보는 정도의 노력은 요한다는 것을 알 수 있을
것이다. 잘못하면 손이나 바닥에 쉬를 하게 된다는
차이가 있지만.

나는 텃밭에 줄 오줌을 모으느라 분주하다. 이처럼
우리의 몸이 생산해 내는 혜택, 영양의 순환[189]에서
잊혀진 우리의 정거장을 다시 기억하게 된 것은
4번가에서 우연히 친구 잭을 만나고 나서였다. 나는
사실 우리가 영양의 순환의 일부라는 점을 잊어버린 이
단순한 망각, 집단적 기억상실이 우리가 처한 심각한
문제의 근원인지 궁금하다. 우리는 이 행성을 인간을

---

188. 셰익스피어의 『햄릿』에서 햄릿이 오필리어에게
하는 대사 "그대 가버리시오, 수녀원으로"를
패러디한 것
189. 바다로 흘러간 물이 증발해 비가 되어 내리듯,
지구상의 다양한 물질이 순환하는 과정

포함해 많은 종이 살 수 없는 곳으로 만드는 긴 과정에 있다는 것을 종종 잊는다. 잭은 다른 재주도 많지만 훌륭한 쓰레기 수집가[190]이기도 했다. 폐기물 순환에 관한 대화는 텃밭에 관한 대화, 거기에 오줌을 활용하는 이야기로 이어졌다. 그는 축 늘어졌던 자기 집 식물들이 자신의 오줌 차 한 방으로 꼿꼿하게 섰다고 했는데, 그는 내가 선호하는 것(물 10에 오줌 1~2)보다 더 강력한 비율(물 10에 오줌 3~5)의 차를 주고 있었다. 오, 예. 하고 나는 생각했다. 다시 그 방법으로 돌아가야지.

그러고 보니 나는 몇 년 전 오줌 차 모으는 일을 그만둔 적이 있었다. 스테퍼니의 가족들과 함께 1년간 뉴저지에 살 때였는데, 우리는 공동체 텃밭 터를 나눠 쓰고 있었고, 나는 밭에 쓸 내 오줌을 모으고 있었다. 한 가지 분명한 것은 다른 정원사들은 그걸 좋아하지 않았을 거라는 점이다. 상관 없었다. 나는 부지런히 오줌을 모았고, 하루는 밀포드 공립 도서관 뒤에 있는 볼품없는 경기장에서 혼자 농구 연습을 한 뒤 빈 게토레이 병에다 오줌을 모았다. 나는 그 뜨끈한 황금빛 만능 약을 최대한 가득 채운 뒤 단단히 잠갔고, 소프트볼 연습인지 캠핑인지를 마친 스테퍼니의 딸 조지아를 데리러 가기 전 차 안의 컵 홀더에 꽂아두었다. 돌아오는 길에 우리가 한창 수다를 떨며 29번 도로를 달리고 있을 때였다. 병을 본 그 애가 그걸 손에 쥐더니 뚜껑을 열고 입으로 가져가며 한 모금 마셔도 되는지 물었다.

---

190. dumpster diver, 생계 혹은 환경보호를 위해 쓰레기통을 뒤져 쓸 만한 물건을 찾아내는 사람들

친구들이여, 한 여자아이에게 온전한 성인
남성으로 인정받기 위한 조건의 3분의 1은 변태로
여겨지지 않는 것, 변태가 되지 않는 거라는 걸 여러분은
알 것이다. 나는 이 아이가 무심코 한 행동으로 본의
아니게 그 경계를 넘어서기 직전이었다. 이쯤에서
여러분의 동정이 좀 필요하다는 얘기다.
　　나는 성인이 된 이래 가장 운동선수 같은
몸짓으로, 조지아의 손에서 뜨끈한 액체가 가득한
용기를 낚아챘고, 한 방울도 흘리지 않은 채 도로
마개를 닫아 다시 컵 홀더에 돌려놓았다. 차선 한 번
벗어나지 않은 채 이렇게 중얼거렸다. "안 마시는 게
좋을 거야." 내가 좀 더 준비가 되어 있었다면, 감기가
옮는다거나 입술에 생기는 헤르페스에 대한 얘기를
할 수도 있었을 것이다. 그러나 우리는 집까지 가는
몇 킬로미터를 이상하고 변태적인 침묵 속에서 그저
달렸다.

(6월 26일)

91. 당근 캐기

오늘은 올봄에 스테퍼니가 텃밭에 심었던 당근을 같이 캤다. 당근은 두 종류로, 평범한 당근처럼 생긴 빨간 종류와 프랑스 이름을 가진 땅딸한 오렌지색 종류였다. 내 기억에 오렌지색 씨앗 봉투에는 '마켓용'이라 적혀 있었는데, 아마 빨간 종류처럼 눈에 잘 띄기 때문일 것이다. 맛은 둘 다 단데, 캐면서 벅스 버니[191]처럼 몇 개를 야금야금 먹어보며 알게 되었다.

내가 유형이나 품종을 뜻하는 단어 종류kind를 좀 풍성하게 썼다는 걸 눈치챘을 텐데, 그것도 바로 기쁨 중 하나다. 그 단어는 당근들이 품고 있는 친절함kindness을 이 논의(눈에 좋고, 맛있고 등등)의 중심에 가져다놓는다. 뿐만 아니라 우리에게 친절kindness과 친족kin이 같은 어머니를 둔 형제간이라는 점을 떠올리게 한다. 뭐랄까 우리가 친절하게 대하는 사람들을 우리의 친족으로 만들어주는 기분이다. 또 그들에게는 우리가 친족일지 모른다. 그것이 이루는 원의 범위는 넓다.

나는 이런 게 종류kind라는 것이구나 하고 생각하면서 깃털 같은 위쪽 잎들을 싹둑 자르거나 흙더미를 헤친다. 한 손으로 뿌리를 잡고, 혹과 우둘투둘한 표면, 바위를 피해 자라느라 혹은 어떤 생물이 갉아 먹는 바람에 생긴 파인 자국들을 만져본다.

---
191. 유명한 만화 주인공 토끼

네댓 개의 빨간 친구들은 각각이 두 뿌리인 듯 갈라져
자랐는데, 마치 작은 바지가 필요한 당근 다리들 같다.
      까맣게 잊기 쉬운 당근의 마법, 그 마법은 순무나
무, 마늘, 양파, 생강, 강황, 얌, 돼지감자, 미니 양파인
샬롯, 자주색 서양우엉, 마카, 고구마에도 적용된다.
많은 식량들이 땅 밑에 살고 있어 아마 누군가는
발견하고 발굴해야 했을 것이다. 그렇게 발견하고,
발굴한 다음에는 어느 것을 옮겨 심고, 또 옮겨 심고,
옮겨 심고, 또 옮겨 심고, 옮겨 심고, 또 옮겨 심어야
할지 선별해야 했을 것이다. 내가 지금 흙을 털어내고
있는 이 길고 빨간 친구가 나올 때까지. 바구니 바닥에
쌓여 있는 이 땅딸한 친구가 나올 때까지. 그런 것이
친절이다. 그들이야말로 우리의 가족이다.

(7월 4일)

92. 프레임을 가득 채우며

드디어 영화 〈문라이트〉를 보았다. 가장 감동적인 부분은 아이들이 나오는 장면들이었던 것 같다. 대부분이 흑인인 아이들이 노는 장면. 교복 차림의 아이들이 거울에 비친 자신의 아름다운 몸을 관찰하며 각자의 동작을 연습하던 댄스 교실이 떠오른다. 빙글빙글 돌고 어깨를 들이밀며 열심히 연습하던 어린 키론. 다음은 아이들이 너덜너덜한 축구공으로 '킬 더 맨'[192] 놀이를 하던 장면. 먼지투성이 들판에서 서로 쫓고 쫓기며 온 힘을 다해 달리고, 서로에게 손을 얹고, 용인된 방식으로 서로를 껴안고, 함께 뒹굴고, 서로의 냄새를 맡고, 깔깔대며 들판을 향해 소리치던 아이들. 서로의 위에 눕고, 서로를 붙들고, 태양 아래, 프레임을 가득 채우며.

(7월 5일)

---

192. 공을 가진 사람을 모두가 쫓아가 달려들어 공을 뺏는 단순한 게임

93. 무분별한 손가락 따옴표

새로 알게 된 친구 한 명이 있는데 손가락 따옴표를
어찌나 과하고 태연하게 사용 혹은 오용하는지,
한마디로 그 몸짓에 대한 파괴이자 신성모독에 가깝다.
여러분이 그의 손가락 따옴표를 본다면, 강의나 대중
낭독회에서 본 것은 아무것도 아니었다는 걸 금세
깨달을 것이다. 살짝 당황한 채 허공에 그어대기, 혹은
산만한 파도타기들, 혹은 반쯤 내키지 않는 '피스'
사인들, 혹은 영 내키지 않는 (반의 반만 내키는) 승리의
사인들. 내 친구의 손가락 따옴표는 두 손가락으로 된
구두점에 관한 부끄럼 없는 춤이다. 도중에 그는 종종
훌라후프를 막 돌리려는 것처럼 몸을 뒤로 기대거나
엉덩이를 내밀 것이다. 때로는 농구에서 공을 몸으로
막을 때처럼 팔꿈치를 휘젓는다. 그의 손가락 따옴표
룸바[193] 전체가 나에게 기쁨을 주지만, 가장 즐거운
것은 그가 가끔 그 춤을 출처를 나타낼 때 춘다는
사실이다. '누군가가' 혹은 '누군가 한 사람이' '말할
수도' 혹은 '말했을 수도' 있는 '하나의' '것'을
나타내기 위해. 사실 그 몸짓의 유일한 물리 언어[194]
의미는 뭐랄까 강조인 듯 보인다. 일종의 이탤릭체.
물론 그마저 확실치는 않지만.

(7월 10일)

---

193. 쿠바에서 시작된 라틴 댄스의 하나
194. 겉으로 드러나는 언어란 뜻

94. 오늘 일흔여섯 살이 된 주디스 아이린 게이

오늘, 엄마의 일흔여섯 번째 생일날, 나는 엄마가 이
이야기를 하는 모습을 떠올려보고 있다. 어금니에
씌웠던 캡을 갈고 마취가 덜 풀린 상태로 동네 단골
슈퍼마켓에 닭고기 수프를 사러 갔던 이야기. 차로
돌아온 엄마는 주차장에서 빠져나오기 위해 백미러를
들여다보았고, 콧물이 밑으로 흘러 입속까지 들어간
자신의 모습에 리도카인[195]을 원망할 수밖에 없었다.
엄마는 내가 아는 한 스스로를 가장 잘 꾸짖는
사람이다. 꿈에서 저지른 아무것도 아닌 일 때문에
자신을 꾸짖으며 깨어났던 일화로도 유명하다. (제발,
엄마가 당신의 어머니와 2년째 잠자리를 한 꿈을 꾼다든가 하는 일은
부디 없기를.)

입으로 콧물이 들어간 상황이야말로 자신을
꾸짖기에는 절호의 기회라, 예전 같으면 슈퍼마켓
출입을 스스로 금하고, 자기혐오와 수치심으로 인한
반복적이고 치명적인 발작이 이어졌을지 모른다.
그러나 요즘의 엄마는 콧물의 강이 입으로 흘러드는
상태로 닭고기 수프를 사러 갔던 이야기를 할 때면,
머리를 움켜쥐어야 할 만큼 웃는다. 웃으면서 탁자를
붙드는데, 그 이야기를 하다보면 의자에서 떨어질 수
있기 때문이다. 엄마는 숨을 가쁘게 몰아쉬며 눈물까지

---

195. 국소마취제

살짝 흘린다. 엄마는 당신 자신을 받아들이고 있다. 빛의 다양한 색 중 한 가지를.

(7월 13일)

95. 로스코 백보드

나는 오늘 거실 창밖으로 보이는 초라한 나무로 만든—
합판도 아니고, 파티클보드[196]도 아닌, 오래되어 허름한
백보드 모양의 자단 널빤지에 골대 하나를 삐딱하게
박아 넣은 것에 가까운— 백보드에 기쁨을 느끼고
있다. 원래 가로가 더 길어야 하지만 이 백보드는
세로가 더 긴데, 기쁨은 어차피 어때야 한다와 아무
연관이 없다. 그래야 한다와도 마찬가지다. 나무판은
많이 닳았다. 아마 비바람과 애정을 담아 던진 빗나간
슛(혹은 빈틈없이 겨냥한 뱅크슛[197]) 때문인 듯하다. 이것은
농구가 기상학이라는 점을 우리에게 일깨워준다.
이 비바람들이 백보드 위에 몇 가지 뚜렷한 색조를
만들어냈다— 회색, 연보라색, 밤색, 그리고 골대 바로
위의 회갈색 사각형 하나.

그건 마치 로스코[198]가 그린 최고의 작품처럼
보인다. 내 기억에 그는 관객이 자신의 그림 안에
담긴 비극을 보고 흐느껴야 한다는, 그런 비슷한
생각을 했었다. 친구 너트, 쿠티와 함께 며칠씩 차를
몰아 휴스턴에 있는 로스코 성당으로 순례를 갔을 때
나는 내 나름대로 최선을 다했다. 그 구슬픈 초교파
교회[199] 느낌의 동굴로 들어가자마자, 나는 혼자 벤치

---

196. 잘게 부순 나무를 경화제를 섞어 굳힌 목재.
 MDF보다 입자가 크다.
197. 농구에서 백보드에 튕겨 골대로 들어가게 하는
 슛 기술
198. Mark Rothko(1903~1970),
 라트비아 출신으로 미국에서 활동한 화가
199. 교파를 초월해 모든 교회의 일치를 추구하는
 신학 운동

한 곳에 앉았다. 그리고 전날 밤 가게에서 줄을 선 한 갓난아이가 마시멜로를 달라며 그랬던 것처럼 숨을 가쁘게 쉬며 눈물을 흘려보려고 부질없는 시도를 해보았다. 아이에게는 먹혔지만, 나에게는 아니었다. 이 백보드는 반대로 볼 때마다 내게 행복감을 주는데, 그 점이 이 백보드를 실패한 로스코로, 그의 최고 걸작으로 만들어준다고 생각한다.

(7월 14일)

96. 마파 라이트[200]

오늘은 친구 팻과 이곳 마파에 있는 코트로 슛 연습을 하러 갔다. 우리는 3~4m 거리에서 슛을 하거나 느린 스핀 무브[201], 크로스오버[202] 등으로 몸을 풀고 있었는데, 코트의 다른 쪽(그쪽 골대에는 그물이 있었다)에 있던 어린 친구가 우리 쪽으로 뽐내듯이 걸어왔다. 허리춤에 공을 들고 빛나는 귀고리를 한 그 친구는 우리에게 2대 2 대결을 제안하며 엄지로 자신을 가리킨 다음 자기 뒤쪽, 구석에서 삼점슛을 넣고 있는 친구를 가리켰다. 우리는 수락했고, 녀석들을 21대 0으로 꼼짝 못하게 흠씬 두들겨 패주러 갔다. 이건 퍽 섬뜩한 수사적 표현이지만, 그냥 우리가 쉽게 입에 올릴 수 있는 폭력성을 폭로한다는 취지에서 남겨둔다. 우리는 그 애들보다 많은 골을 넣었다. 그 애들이 열두살밖에 안 되었다는 사실은 변명이 안 되었던 게, 이곳은 그 애들의 홈 경기장인 데다 구경하는 관중까지 한 명 있었기 때문이다. 둘 중 한 명이 하늘에 대고 "저들이 우리를 박살내고 있잖아요!"라고 호소하자 경기를 보던 한 어린 여자아이가 이렇게 말했다. "그랬으면 좋겠구나. 저들은 다 큰 어른들이잖니."

(7월 16일)

---

200. 텍사스주 마파시 외곽에서 목격되는 정체불명의 발광현상. 농구공만 한 빛이 떠 있는 형상이다.
201. 드리블을 하며 이동하다가 몸을 회전하는 기술
202. 드리블 중 급작스럽게 방향을 바꾸어 상대방을 속이는 기술

97. 간이 차고

내 안에서 기쁨을 일으키는 대상에 자주 놀란다. 오늘 저녁에는 광활하고 낯선 하늘 아래를 걸어 지금 머물고 있는 마파의 집으로 향하고 있었다. 그러다 나의 중심이 점점 따뜻해지는 것을 알아차렸는데, 이 느낌은 즐거움의 은유이자 기쁨의 은유다. 내가 막 지나친 것은 무척 세련된 간이 차고였다. 완만한 각도를 지닌 평평한 모양의 차고가 아니라, 양옆이 아래로 처진, 뭐랄까 작은 빗물막이 같은 돌출부까지 있었다. 내가 왜 간이 차고를 좋아하는지는 확실히 모르겠다. 지금 막 나는 간이 차고를 좋아한다고 결정했다. (여기에서 끼어드는 기쁨. 학자인 한 지인은 놀랍게도 자신의 딸이 병아리였을 적부터 이렇게 말했단다. "더 많은 걸 좋아할수록 너는 더 행복해질 거야.") 물론 나는 열린 창문을 무척 좋아하고, 공기가 통하는 걸 좋아한다. 그저 혹독한 날씨에 킥플립과 셔빗[203], 저글링을 연습할 장소를 가진다는 것이(이건 그냥 이론인데, 나는 간이 차고가 있는 곳에 살아본 적이 없기 때문이다.) 쉬운 일이 아닐 뿐이다. 게다가 공공연히 열려 있는 구조 때문에 그곳에 차고처럼 물건을 쌓아두거나 보관할 수는 없을 것 같은데, 문득 간이 차고와 차고가 계급의 차이를 보여 주는 지표인지 궁금해진다.

(또 다른 소소하고 유쾌한 여담. 내가 친구 브룩과 눈이 보이지 않는 그의 고양이와 차를 타고 시골을 가로지르다가 인구

---

[203] 둘 다 보드를 다른 방식으로 회전시키는 스케이트보드 기술

559명인 미네소타 번데일의 할아버지 댁에 묵으려고 들렀을 때였다. 할아버지는 당신이 늘 개구리 뒷다리를 즐기는 리버 인에서 저녁식사를 하자고 했는데, 브룩이 그동안 고양이는 어디에 두어야 하냐고 물었다. 뭐랄까, 비인간 동물에 대해 감상적인 분이 아닌 데다, 비인간 동물에 대한 감수성을 대수롭지 않게 생각한 할아버지는 차고를 바라보았다. 그곳에는 날카롭고 녹슨 물건이 잔뜩 있었고, 그중 다수가 땅다람쥐 덫인데다, 그중 절반은 죽음의 덫이라 부르는 종류였다. 할아버지가 "저기다 묶어두면 어떨까?"하고 제안하기에 내가 지하실을 추천했고, 할아버지는 그 편이 낫겠다고 했다.)

간이 차고는 형태 자체가 취약성을 내세우는 구조물이다. 한마디로 밑에 망가지기 쉬운 물건을 두기에는 불안한 구조라, 어린이라도 큰 망치 하나면 차고와 물건 모두 5분이면 납작하게 망가뜨릴 수 있을 것이다. 나는 간이 차고의 그런 점이 좋다. 또 내가 간이 차고를 보며 뭔가 고독한, 향수 어린 감정을 느끼는 걸 보면 혹시 간이차고가 우리가 몇 해 여름을 보냈던 번데일의 특징 중 하나였나 궁금해진다. 그러나 눈이 쌓이면 무너졌을 테니 그건 아니었던 것 같다. 어쩌면 우리 가족이 시간을 보냈던 또 다른 장소인 영스타운의 특징이었을지도 모른다. 하지만 그곳도 눈이 많이 오긴 마찬가지였다.

나는 기쁨과 향수, 기쁨과 고독—더 명확히 말하자면 실존적 외로움, 돌이킬 수 없는 외로움—이 이런 경우 어떻게 연결되는지 잘 적어 두었다. 두 감정은 친족 관계다. 알아두면 좋을 것 같다.

내게 기쁨을 주는 다른 건축양식에는 이런 것들이 있다. 벽 없이 지붕과 기둥만 있는 복도, 가벼운 식사를 위한 자리, 그리고 창가 자리. 모두 마찬가지 이유들 때문이다.

(7월 23일)

98. 나의 정원(책)

좋은 것과 기쁜 것 사이에 필연적 관계가 없다고 하면 뻔한 얘기일 것이다. 그러나 관계가 있다면, 여기 한 가지 예가 있다. 내가 우리 시대의 몹시 훌륭한 작가 중 한 명으로 생각하는 사람, 내게 있어 가장 중요한 작품들을 썼으며 내가 가장 좋아하고, 내게 가장 좋았던 작품을 쓴 작가는 저메이카 킨케이드jamaica kincaid다. 왜 그런지는 지금 당장 깊이 들어갈 필요는 없는데, 이번 기쁨에는 다른 목표가 있기 때문이다. 첫 번째는 내가 이미 힌트를 주었지만, 좋은 것과 기쁜 것의 차이를 뚜렷이 밝히는 것이다. 한 가지 예를 들면, 기쁨은 내가 그의 작품을 읽으면서 가장 많이 느끼는 감정은 아니라는 것이다. 혹여 그 책을 읽다가 기쁨의 감정, 혹은 내가 이전에 기쁨의 범주에 넣었던 감정이 올라왔다고 해도 주로 역설적인 종류의 기쁨이었다.

　가령 『카리브해의 어느 작은 섬』에서 해설사는 관광객들에게—그는 안티과의 은빛이 도는 푸른 바다에서 수영한다는 것이 뭐랄까 잠시나마 천국을 경험하는 일이라는 걸 깨달은 북아메리카 백인들에게 상황을 설명하고 있다—이곳의 하수처리 상황을 고려하면 여러분은 자기가 싼 똥과 함께 수영하는 것일지도 모른다고 말하는데, 나는 이런 부분을 즐긴다. 킨케이드는 권력의 핵심을 꿰뚫는 관찰에 천부적이다.

특히 그의 작품은 우리가 안락함을 누리거나 유지하는 과정에서 종종 타인의 고통에 빚지고 있다는 사실을 폭로한다. 이런 이야기는 내게 기쁨을 주지 않는다. 오히려 불편함을 유발하는데, 그 불편함은 내가 단순히 전기로 조명을 켜느라 다른 누군가에게 유발하는 고통에 비하면 아주 가벼운 것이다. 문자 그대로 내가 자는 동안 누군가에게 유발하는 고통보다도 가벼운 것이다. 그러나 이것이 핵심이다. 나는 그 불편함이 우리를 어쩌면 더 위대한, 혹은 잠재적으로 더 위대한 인간성 쪽으로 방향을 틀게 할 거라 생각한다. 그건 좋다. 좋은 일이다.

(그럼에도 나는 궁금하다. 혹시 킨케이드의 문장 자체가 지닌 아름다움, 문장을 통해 전해지는 사상의 아름다움이— 비록 종종 어쩔 수 없이 독자의 배설물을 독자의 얼굴에 문지르는 [분명히 폭력적인] 방식을 쓰기는 하지만, 우리의 인간성과 우리가 아름다워질 수 있는 가능성[그것은 우리의 악행에 대한 슬픔이기도 하다]을 환하게 밝혀준다. 내가 느끼는 감정, 『카리브해의 어느 작은 섬』과 『내 어머니의 자서전』 같은 책을 떠올리기만 해도 느껴지는 기쁨의 끌어당김에 대해 뭔가를 말할 수 있을까. 내 생각에, 나는 아직 내가 느끼는 감정이 무엇인지 잘 모르는 것 같다.)

오늘 내가 그의 텃밭에 관한 책, 『나의 정원(책)』을 읽다가 기쁨이 증폭되었던 것은 그런 문장 자체의 아름다움 때문이었는지도 모르겠다. 때마침 내가 읽은 구절은 자신이 최근에 심은 호박씨를 누군가가 먹고 있다는 사실을 킨케이드가 발견하는 부분이었다.

"나는 그 불쾌한 존재들을 끝장낼 계획을 짰고, 마침내 우스꽝스러울 만큼 부실하고 희한한 장치인 하바하트 덫[204]으로 너구리 한 마리를 잡았다." 비록 킨케이드는 그 생물을 익사시켜 버리고 싶었지만 함께 사는 "세 명의 눈물 많은 평화주의자" 가족들이 숲에 보내주라고 설득하는 바람에 울며 겨자 먹기로 숲에다 놓아준다. 녀석이 분명 텃밭으로 돌아올 거라는 걸 알고 있었고, 그건 모든 정원사가 공감할 만한 상식인데도 말이다. 물론 내 경우에는 우리 텃밭에 자리를 잡아 그레그라는 이름까지 붙여준 마멋과 솔직한 대화를 나눴는데—여기서 대화란 완곡어법이 아니다. 나는 산탄총도 용접용 토치도 들고 있지 않았기 때문이다. 우린 그저 툭 터놓고 대화를 나누었다—얼마 안 되서 이웃인 에스텔라가 마멋 한 마리가 자기네 텃밭으로 들어왔다고 했다. 난 "분명 그레그일 거예요."라고 알려줬는데, 그 사실이 에스텔라에게 딱히 기쁨을 준 것 같지는 않았다.

『나의 정원(책)』을 읽은 뒤 나는 이런 느낌이 들었다. 만일 내가 킨케이드에게 저 이야기, 내가 그에게 들려줄 수 있는 몇 안 되는 이야기를 해준다면, 당장 내 목을 베어버리고 싶어 할지도 모르겠다고. 그는 이 책에서 두 차례 사람들에게 그러고 싶었다고 고백하는데, 두 번 다 너무 기쁘고 공감이 되어 숨이 가쁠 지경이었다.

물론 하바하트 장면은 안 그래도 이미 기쁨으로

---

204. 들어가면 저절로 닫히는 포획 틀의 상표명

빛나지만— 정원, 놓아준 너구리, 가족의 원망,
정원사의 울적한 운명론— 킨케이드는 비살상 방식의
덫 서비스를, 여러분이 혹시 놓쳤을까 해서 하는
얘기인데, '부실하고 희한한 장치'라고 불렀다.
그 덫은 우연히도 우리 집 밑의 좁은 틈에 지독한
냄새를 풍기는 거처를 마련한 스컹크를 평화적으로
제거해 달라고 내가 어떤 이에게 상당한 돈을 지불하고
설치했던 그 덫이었다. 그 우연이 무엇을 의미하는지
정확히는 모르겠다. 그러나 그 부분을 읽고 크게 소리
내어 웃었다. 그러니까 내가 하려는 말은, 텃밭들이
으레 그렇듯, 그 문장이 나의 기쁨을 비옥하게
만들어주었다는 얘기다.

(7월 24일)

99. 검은 뒤영벌들!

나로서는 처음 보는 종류의 꽃나무가 있는데 이곳 마파에서 산책할 때마다 유심히 관찰하고 있다. 꽃들이 유혹의 손짓으로 시럽 같은 향기의 장막을 드리우는 동안, 덤불 위에는 엄지 굵기의 새카만 뒤영벌 몇 마리가 앉아있다. 날개에 빛이 똑바로 닿으면 금속성을 띤 청록색으로 보이는데, 나는 그렇게 아름다운 걸 본 적이 없다. 이들의 모든 것이—그들의 털이나 꽃에서 꽃으로 일렁이며 방향을 바꾸는 행위—자신들의 사촌들과 똑같다. 우리 집 텃밭에서 국화꽃이 필 때면 떼 지어 나타나 마당 뒤쪽 구석을 할리데이비슨 오토바이 경주 같은 소리로 채우는 호랑무늬 종류들 말이다. 정말로 알고 싶다. 어떻게 하면 이 벌들의 아름다움을 응원할 수 있을까?

이 벌들은 (물론 이 기록은 좀 더 꽃에 관한 기록에 가까운 것 같지만) 보통 꽃들의 얇은 여름옷과 뿌루퉁한 입을 포기하고—물론 가끔은 캐미솔[205]이 떨릴 정도로 몸을 빠르게 들이밀지만—바깥쪽에 잠깐 내려앉아, 꽃과 줄기 사이의 이음매나 봉합선을 향해 느릿느릿 움직인다. 내가 꿀이나 꽃가루가 떨어져 쌓인다고 생각하는 부분이다. 이제 벌들은 꽃의 안쪽을 빙글빙글 휘저은 다음, 파르르 떨고, 배로도 좀 휘저은 다음, 숨을 내쉬며, 언뜻언뜻 금빛이 보이는 털북숭이 몸뚱이를

---
205. 여성용 민소매 상의의 하나

다음 꽃으로 옮긴다. 꿀을 좀 더 얻기 위해.

　　이 벌들을 보다가 내 어린 시절의 기쁨 중 하나가 인동덩굴을 찾아내는 일이었다는 게 떠올랐다. 우린 때때로 냄새만으로 덩굴을 찾아냈고, 덩굴의 꽃을 꺾어 그 꿀을 즐겼다. 꽃이 망가지지 않도록 조심스레 수술을 빼낸 다음 연한 단물을 끝까지 빨아 먹었다. 그렇게 꽃들을 핥으며 어떤 때는 30분씩 머무르곤 했다.

　　분명 조이 번스였던 것으로 기억하는데, 당시 우리는 서로의 얼굴에 주먹을 몇 방 날리다가 세상에서 둘도 없는 친구가 되었다. 그 녀석이 여섯 살 무렵 인동덩굴을 강탈하는 기쁨을 알려주었다. 나는 그에 대해 고마움을 전하고 싶다. 비록 나한테 오줌을 갈긴 일은 전혀 고맙지 않지만.

　　자화자찬하고 싶지는 않지만, 나는 내가 찾아낸 방식이 인동덩굴 꿀 빨기에 있어 혁명이라고 생각한다. 한 번은 그 꽃을 관찰하다가 꿀을 채취하려면 수술을 부러뜨리는 번거로움 없이 꽃의 바닥에 있는 작은 구근 모양의 마개만 뽑으면 된다는 것을 깨달았다. 일종의 현란한 에이닐링거스[206]처럼. 다른 사람이 보기에는 세상에서 가장 작은 트럼펫을 부는 것처럼. 이 방법을 다른 사람들도 알면 좋으련만.

(7월 26일)

---

206. 항문을 입으로 애무하는 행위

100. 다 자란

나는 이런 것이 단순히 어른의 한 가지 특징 그러니까 다 자란 존재의 특징이 아닐까 싶다. 여러 종류의 정서적 혼란을 견뎌냈다는 것, 나락까지 갔었다는 것, 그리고 운이 좋은 경우 그로부터 한 발 물러났다는 것—완전히 그런 게 아니라도, 잠시나마 혹은 때때로 물러날 수 있다는 것. 그렇다면 이런 것도 일종의 다 자란 상태일 것이다. 나는 벽 위에 세 개의 사각형으로 모인 빛과 그중 두 개에서 흔들리고 있는 나무 그림자를 본다. 기차가 지나가는 소리가 들리지만 아무런 공포와 절망을 느끼지 않는다. 어떤 비난이나 파멸, 소름 끼치는 조화로도 느끼지 않는다. 그저 그것들을—빛과 노래를—관찰한다. 있는 그대로—빛과 노래로. 게다가 내가 이전에 느꼈던 것, 또 다시 느낄지 모르는 감정을 알고 있다는 사실은 안도감으로 다가온다. 그것은 기쁨의 사촌, 아니 더 정확히는 기쁨에 주는 물이다.

(7월 27일)

101. 코코 베이비[207]

오늘 아침 나는 몸에 코코넛 오일을 바르고 있는 내 모습을 거울로 흘끗 보았다. 한 발을 욕조 가장자리에 얹은 나는 몸을 굽혀 종아리에 오일을 문지르고 있었다. 종아리는 내 몸에서 유난히 잿빛으로 변해 있었는데, 여름이라 더더욱 눈에 띄는 잿빛이었고, 나는 그걸 수세미와 엄청난 양의 오일로 해결하는 중이었다. (혹시 여러분이 이와 관련해 더 알고 싶다면 시몬 화이트[208]의 책 『흩어진 존재Of Being Dispersed』에 나오는 에세이 「로션」을 추천한다.)

연중 이맘때면 내 몸은 거의 갈색이 되는데, 허리에서 허벅지 중간까지만 좀 더 밝은색으로 남아 있다. 그중 어느 쪽도 음식이나 커피 음료에 비유해서는 안 된다. 이렇게 다리를 들고, 몸을 굽히고, 흐릿한 허벅지 밑으로 고환을 덜렁이고 있으면 궁금해진다. 자주 이런 자세를 취하게 되는데(오일을 바르거나 발톱을 깎을 때), 이럴 때마다 늘 시집 〈장의사의 딸〉에 담긴 토이 데리코트[209]의 시를 생각하게 될지 말이다. 그 시에서 어린 소녀는 자신을 학대하던 아버지가 대충 이런 자세로 서서 면도 중일 때 불쑥 욕실에 들어왔다. 아버지의 고환이 늘어져 있는 모습을 보며 소녀는 그것이 아버지의 유방이라고 생각한다. "아버지가 숨겼던 여성적인 부분, 무언가 내가 보아서는 안 되는 부드럽고 무방비 상태인 부분"이라고.

---

207. 이런 이름의 보디 오일이 있다.
208. Simone White(1972~), 미국의 시인, 비평가
209. Toi Derricotte(1941~), 미국의 시인

나는 아직 물기가 남은 몸에 오일을 듬뿍 발라 문지르는 내 모습을 지켜보았다. 내가 아끼는 친구가 최근에 가르쳐준 이 방법은 몸을 촉촉하게 유지시켜 준다. 양쪽 종아리와 발에 바르고, 손가락으로 발가락에 깍지를 끼어 바른다—이렇게 하면 종종 또 다른 친구가 떠오르는데, 그는 어느 날 내가 발에 로션 바르는 모습을 보더니 웃으며 한마디 했다. "잘한다!" 이제 허벅지로, 안쪽과 바깥쪽으로, 엉덩이 주변으로 움직인다. 이 엉덩이들은 내가 오래 앉아 있을 때면 잠시 탈출하고 싶어 하는 것처럼 느껴진다. 그다음 두 팔과 양어깨, 가슴과 배, 그리고 등에서 손이 닿는 부위까지. 보통 나는 손에 남은 오일을 얼굴에 바른 뒤, 성기에 바르면서 마무리한다. 항상 마지막은 아니지만 보통은 그런데, 어느 쪽이든 굳이 해석을 덧붙일 생각은 없다.

　오늘은 내 모습을 지켜보며, 특히 가슴과 배에 오일을 바르며 그것을 나 자신을 안아주는 행위로 상상해 보았다. 나는 이 몸 안, 이 비행기를 조종한 지 얼마 되지 않은 마흔세 살에 가까운 몸 안에 얼마나 많은 나의 몸이 들어있을까 생각하고 있었다. 늘 그렇듯 나는 일종의 이상형태증[210] 같았던, 가장 컸던 시기의 몸을 볼 수 있었다. 118kg에 육중하고 파괴력이 있어 어떤 것에도 끄떡없던 시기의 몸. 열두 살 때의 모습도 보인다. 꺽다리에 통통하고 부끄럼 많던 모습이. 그리고 물론 아기였던 나도 보인다. 기억나지는 않지만 사진으로 보았던 모습이.

---

210. 별다른 문제가 없음에도 몸 한 부분의 결점에 사로잡혀 크게 걱정하는 증상

몸에 오일을 바르는 거울 속 자신을 보며, 이처럼 스스로를 팔로 감싸고 몸을 조금씩 뒤척이는 자신을 보고 있으면, 스스로를 어린아이로, 정말 사랑하는 어린아이로 보는 일이 한결 쉬워진다. 아이인 자신에게 오일을 발라주는 것은 마음만 먹으면 쉬운 일이다. 마음먹는 게 어려워서 그렇지. 적어도 나는 오늘 좀 어렵다고 생각했다. 대부분은 귀하게 대해주지 못하는 나 자신을 보면서. 그러나 아기인 여러분은 자신이 반짝반짝 빛날 때까지 오일을 발라주기를.

(7월 31일)

102. 나의 생일

오늘은 나의 마흔세 번째 생일이고, 망설임 없이 그 사실에 기뻐하고 있다. 나는 침대에 앉은 채로 커피를 마시고, 오트밀을 먹고, 에두아르도 갈레아노[211]의 『포옹의 책』을 읽으며 하루를 시작했다. 다정한 문자들이 많이 왔는데, 그중 하나는 생일 기념 렌틸콩을 주겠다는 약속이었다. 어떤 이에게는 축하의 의미로 들리지 않을지 모르지만, 렌틸콩은 나에겐 굉장한 기쁨이다. 기쁨 중에는 다음과 같은 것이 있다. 얼핏 황무지로 보이던 땅에서 색색의 작은 꽃들이 무려 네 송이나 핀 모습을 본 것, 그중 하나는 어느 운 좋은 밤 블루밍턴 묘지에서 본 하늘처럼 분홍빛이었고, 하나는 태양처럼 노랬다. 콤부차 가게(사실 다른 것들도 판다. 내가 부치 콤부차를 사는 집이라서 그렇지)로 가는 길에 내가 "가토!"[212]라고 부르며 깨우기 시작한 검은 고양이. 빨래방에서 농담 하나 해도 되냐고 묻던 젊은 청년. 알다시피 이런 질문은 날 긴장시키지만, 대범하고 너그러워진 기분에 왠지 예감이 좋아 해보라고 했다. "당신이 소파에서 당신의 히피 친구를 쫓아버리려고 하면 그가 뭐라고 할까요?" "나마스테." 그리고 카페에서 보드게임을 하고 있는 아이들. 난 그런 게 '인생'이라고 생각한다. 그리고 사랑하는 이들과의 전화 통화.

---

211. Eduardo Galeano(1940~2015), 우루과이의 언론인, 작가
212. 스페인어와 포르투갈어로 고양이라는 뜻

내 주먹 위 오목한 곳에 내려앉은 작은 벌 한
마리. 내 왼쪽 귀를 바람으로 채울 만큼 가까이에서
맴도는 벌새 한 마리. 진열대를 채우던 여성이 손등으로
눈을 비비며 웃는 얼굴로 건네던 더없이 다정한 인사.
힘들지만 좋아하는 운동. 여우비가 블라인드를 흔들며
내리는 가운데 잔 낮잠. 이른 저녁의 커피 한 잔. 구름의
폭포 뒤로 불을 밝히며 숨어 있는 달. 그리고 두 장의
카드. 화려한 나비가 그려진 카드와 착 달라붙는 신사복
바지를 입고 피자를 먹는 마멋이 그려진 카드. 그리고
기쁨delight은 "빛으로부터 나온"이라는 뜻이며
그 어원이 맛있는delicious, 즐거운delectable과
연결되어 있다는 걸 설명해 준 친구의 손 편지. 그건
지난해에 기쁨을 갈아엎고 또 갈아엎으면서도 몰랐던
사실인데, 이렇게 또 기쁨이 경작으로도 연결된다.
기쁨을 하나의 텃밭으로 만들어준다.

왠지 뭔가를 요약해야 할 것 같은 기분이 드는데,
이것이 "1년에 걸친 프로젝트"였고, 오늘은 일종의
졸업식 혹은 장례식이기 때문이다. 그런 의식들에서는
대체로 누군가가, 이 경우에는 내가, 졸업식 연설문이나
추도문을 낭독한다. *왜 지금 기쁨인가? 성향상
궁금해서요.* 혹은 *내가 기쁨으로부터 배운 것.* 혹은
당치도 않지만, *내 기쁨의 해.* 물론 이것들이 나는 쓰지
않을 책들의 썩 괜찮은 제목일 수도 있지만, 특별히
요약해서 할 이야기는 없다. 왜냐하면 오늘은 내
생일이니까.

친구 팻이 필리핀에 있는 그의 어머니 댁 옆 마을에 대해 이야기해 준 적이 있다. 몇 년 전 태풍이 거의 모든 것을 파괴해 버린 그곳에서, 살아남은 정원용 정자에 쌓여 있던 것은 전부 잔해로부터 건져 올린 문짝들이었다.

(8월 1일)

감사의 글

우선 여러모로 이 책에 관심을 가져준 알곤킨의 모든 이들, 엘리자베스 샬라트, 마이클 매켄지, 크레이그 포플러스, 로렌 모즐리, 브런슨 홀, 칼라 브루스 에딩스, 그 밖의 많은 이들에게 감사드린다. 특히 이 책에 대해 사려 깊고 엄격한 대화를 나누어준 편집자 에이미 개시에게 많은 빚을 졌다. 혼자서는 보지 못했을 것을 보도록 도와주었고, 『기쁨의 책』을 더욱 기쁘게 만들어주었다. 진심으로 고맙다!

나의 에이전트, 라이자 도슨은 내가 상상했던 것 이상으로 지지해 주고, 유익한 것들을 가르쳐주었으며, 호기심을 잃지 않은 채 참을성 있게 격려해 주었다. 한없이 고맙다!

그리고 필드 사무소의 본(보니) 필더에게 진심으로 감사한다. 그의 도움과 관심이 없었다면 많은 읽을거리를 놓쳤을 것이다.

이 책에 실은 「벌새」와 「그렇지만, 아마도…」를 처음 게재해 준 《워싱턴 스퀘어》의 편집자들에게도 감사를 전한다.

이 프로젝트를 지원해 준 시비텔라 라니에리 재단, 래넌 재단, ICCI 등 여러 협회에도 감사드린다.

그리고 뛰어난 안목과 귀, 사려 깊은 마음으로 열정적인 질문을 던지고, 염려하고, 사랑을

보여준 수많은 친구들, 나의 사랑하는 이들에게
고마움을 전한다. 그들은 이 기쁨들이 자라나는 걸
도와주었다.(안녕, 안녕, 어이, 안녕, 안녕), 특별한 순서 없이
생각나는 대로 파파 T, 영 데이비드, 케이트, 크리슘,
라라, 기토(부그스), 알렉스, 얄리, JJ, 마이키, 레트,
터셔스, 스코티 위드 더 보디, 미셸, 미즈 코머,
레이디 C, 빅 노이, 웬디 리, 스키터, 린스키,
버펄리타(폴라), Bgbg!, 코코, 트리시오, **아호라틀(라틀)**,
스니저스, J 밀러, 브루키, 빅 마마, 비기 시스, 올 걸,
미미(빅 브러더), 너트, 쿠티, J. 벨, 월턴, 시몬, 아마,
압델, 스턴, 애니 마리, 2017년 가을 나의 시 워크숍에
참여했던 모든 사람들, MFA 가든 동료, 몬스터
하우저스, 오처디스타스, 이상 특별한 순서 없이
생각하는 대로 꼽았지만 혹시 내가 빠뜨린 사람이
있다면 부디 용서하기를 바란다. 고마워요! 또한
특별히, 그리고 늘, 나의 사랑하는 동반자 스테퍼니에게
감사한다. 그는 나로 하여금 이 기쁨들을 자신과
내 목소리가 닿는 모두에게 다시, 다시, 다시
읽어주게끔 독려했다. 더없이 아름답고 중요한 질문을
해준 이들. 기쁨을 안겨주고, 기쁨 중 하나였던 이들.
나의 모든 아기들. 나의 모든 엄마들.

 그리고 무엇보다 이 기쁨을 제공하고, 기쁨이
되어주고, 일깨워준 모든 이들에게 감사한다. 그들은
음악을 크게 틀어놓고 창문을 내린 채 차를 몰았고,
밝은색 옷을 입었고, 투명한 큰 창 저쪽에서 춤을

추었다. 나를 보고 웃고, 거리낌 없이 깔깔거리고, 텃밭에서 쓸 도구를 빌려주었다. 그리고 낭독회에서 내가 쓰고 있는 건 작은 에세이들essayettes이라고 알려주었다. 감사한다!

    내가 올해 읽은 책의 저자들에게도 감사한다. 그들의 문장은 내가 문장을 만들고, 생각하고, 말로 표현하도록 도와주었다.

    그리고 이 기쁨들이 텃밭이나 농장, 대학, 식료품 저장고, 혹은 책방이나 음악 공연장이나 고등학교(그리고 나를 초대해 준 누구든!)에서 낭독되는 걸 들었을 모두에게도 고마움을 전한다. 여러분이 귀 기울여준 덕분에 이 놀라움들을 더 잘 이해하게 되었다. 나로 하여금 내 기쁨을 더 명확히 볼 수 있도록 도와주었다.

    그리고 마지막으로, 사랑하는 독자들에게. 언제나 그렇듯, 언제나 그렇듯, 여러분에게 감사를 전한다.

옮긴이의 글
『기쁨의 책』을 옮기는 기쁨

김목인(번역가, 싱어송라이터)

 이 책의 원서는 손바닥만 한 크기의 페이퍼백이다. 가볍고 귀여운 만큼 가방 속에서 구겨지기 쉬운 재질이었고 뭔가 감쌀 게 필요했다. 때마침 흰 종이봉투 하나가 눈에 띄었다. 지인이 다른 책을 보내온 봉투였다.
 임시로 쓰려고 했건만 난 며칠 뒤 그 안에 펜과 연필, 작업 진행표까지 넣게 되었고, 결국 번역을 다 마치도록 그 상태로 갖고 다녔다. 이 책에 따르면 일종의 '젠키jenky'한 번역 키트였던 셈인데, 어떤 면에서는 나의 '토마토 묘목'이기도 했다. 지니고 다니는 것만으로도 즐거움을 자아냈기 때문이다.
 가방 안에『기쁨의 책』을 넣어 다니며 옮기고(번역이자 운반) 있다는 것은 즐겁고 경쾌한 느낌이었다. 누군가 요즘 무슨 작업을 하고 있는지 물어 '기쁨에 대한 책'이라고 하면, 다들 내용도 안 듣고 미소를 지었다. 그렇게 이곳저곳에서 조금씩 옮기며,

다양한 현장에서 노트와 펜을 들고 글을 써나갔을
작가의 모습을 상상해 보기도 했다.

책에 담긴 102편의 에세이는 친근하면서도 유쾌하다.
그와 동시에 만만찮은 깊이로 묵직한 깨달음을
안겨준다.

　　우선 우리가 무언가에 관심을 가지고 꾸준히
기록할 때 어떤 변화가 일어나는지를 보여준다. 이
책의 경우, 기쁨이 늘어난다. 물론 작가가 기쁨을
한데 모아둔 데서 오는 착각이 작용했을 수 있지만,
나는 작가의 삶에서 실제로도 기쁨이 늘어났을 거라고
믿는다. 기억력이 좋은 사람일수록 지인을 더 자주
마주치는 현상처럼 말이다.

　　더구나 소소한 것을 경이롭게 바라보는 로스
게이의 시선은 이 책을 쓰는 1년간 점점 더 예리해진다.
책의 뒤로 갈수록 그의 돋보기에 더 다채로운 기쁨들이
포착되기 시작한다. 문득 무언가에 주목하고, 그에 대해
글을 쓴다는 것은 무게를 부여하는 일이라는 생각도
해보았다.

　　처음 이 책의 단순하고 명쾌한 제목을 마주했을
때 떠오른 것은 암울한 생각에 몰두했던 그간의
시간들이었다. 우리는 누구나 삶에 작은 기쁨들이
있다는 것을 알지만 현실의 무게에 짓눌려 충분히
기뻐하고 집중하지 못한다. 이 책에 섬세하게 묘사된
기쁨에 대해 읽다 보니 무거운 현실이란 거기에

골몰하기 때문에 더 무거워지는 것이 아닐까 하는 생각도 해보게 되었다.

작가의 1년에도 기쁨만 있었던 건 아니다. 글 구석구석에 미국 사회의 인종차별이 불러일으키는 불안, 사별한 친구나 가족이 남긴 슬픔, 예전 같지 않은 중년의 서글픔이 표현되어 있다. 그러나 작가가 그 모든 시간을 살아내며 기쁨에 꾸준히 방점을 찍었다는 사실이 이 책의 신선한 점이다. 그렇게 찾아낸 기쁨은 무작정 긍정을 얘기하기보다 넌지시 현실적인 희망을 보여준다. 또 기쁨이 독립된 감정이 아니라 다른 감정과 연결되어 있다는 것, 그것들 속에서 피어난다는 것을 보여준다.

즉흥적 글쓰기를 한껏 맛볼 수 있는 것도 이 책의 매력이다. 로스 게이는 단 한 번도 끊지 않는 한 문장으로 장시를 쓰기도 하는 긴 호흡을 지닌 시인이다. 그런 그가 일부러 가장 느린 도구인 노트와 펜, 초단편 에세이라는 형식을 택했다. 이 덕분에 그의 몸과 손의 리듬, 그리고 단숨에 써나간 문장의 생동감과 자유분방함을 느낄 수가 있다.

기쁨에 대해 오랫동안 곱씹고 다듬어가는 글쓰기가 한쪽에 있다면, 기쁨을 포착한 순간 쓰기 시작해 쓰면서 더 발견하는 것이 이 책의 방식이다. 즉 여기 담긴 글들은 유려한 문장가가 보여주는 100여 편의 모험이자 퍼포먼스다. 엉뚱한 이야기로 빠지기도 하고, 빠뜨린 생각을 수시로 끼워 넣기도

하지만, 느닷없이 출몰하는 기쁨이라는 소재와 더없이
잘 어울린다. 또 작가가 기쁨을 발견했던 매 순간이
현재형의 생생한 감각으로 담겨, 슬프고 울적한
이야기마저 모두 산뜻한 햇살 아래 놓여 있는 느낌이다.

매력적인 글이 으레 그렇듯 옮기는 동안 나도 이런
글이 써보고 싶어졌다. 번역하는 내내 목록들만
떠올려보았다.

곧 깨어나 재잘댈 아이의 늦잠 자는 얼굴, 중고품
가게에서 2000원에 산 두툼한 영어 사전(이 책을 작업하는
데에도 쓰였다), 갓 개업한 타코 가게에 화환 대신 놓여
있던 선인장, 작업실을 오가느라 모처럼 유용하게 쓴
보온 도시락, 늘 무심히 지나치다 작가의 습관이 떠올라
덩달아 들여다보게 된 길가의 꽃들.

새로운 작품을 알게 되는 기쁨도 있었다. 동시대의
뛰어난 작가가 소개해 주는 좋은 책들, 힙합과 소울의
고전들, 에디 머피의 오래된 〈SNL〉 영상을 즐길 수
있었다. 뜻밖의 기쁨도 있었다. 저자의 단골 가게가
있는 도로명을 확인하느라 구글 지도를 검색하다 가게
주인이 찍힌 사진을 본 것이다. 책에서 작가가 인사를
주고받은 그 주인이었다.

이런 의외의 기쁨에 대한 훌륭한 반응이 이 책
속에 있다. '새 모이 주기'라는 꼭지다.

'우리는 어디에나 있답니다.'

기쁨의 책
THE BOOK OF DELIGHTS

1판 1쇄 발행 2025년 7월 7일

지은이
로스 게이

옮긴이
김목인

교정·교열
최현미

디자인
포퓰러

발행처
필로우
출판등록 2020년 8월 25일
등록번호 제2020-000099호
문의 pillow.seoul@gmail.com
ISBN 979-11-985298-3-1 (03800)